腰肌
解剖学

缓解疼痛的腰肌保护与修复练习

THE VITAL
PSOAS MUSCLE

[美]乔·安·史道格-琼斯（Jo Ann Staugaard-Jones）著　沈兆喆 邱先梅 译

人民邮电出版社

北　京

图书在版编目（ＣＩＰ）数据

腰肌解剖学：缓解疼痛的腰肌保护与修复练习 /
（美）乔·安·史道格-琼斯著；沈兆喆，邱先梅译. --
北京：人民邮电出版社，2018.4
ISBN 978-7-115-47679-1

Ⅰ. ①腰… Ⅱ. ①乔… ②沈… ③邱… Ⅲ. ①腰部－
肌肉－力量训练 Ⅳ. ①G808.14

中国版本图书馆CIP数据核字(2018)第002647号

免责声明

本书内容旨在为大众提供有用的信息。所有材料（包括文本、图形和图像）仅供参考，不能替代医疗诊断、建议、治疗或来自专业人士的意见。所有读者在需要医疗或其他专业协助时，均应向专业的医疗保健机构或医生进行咨询。作者和出版商都已尽可能确保本书技术上的准确性以及合理性，并特别声明，不会承担由于使用本出版物中的材料而遭受的任何损伤所直接或间接产生的与个人或团体相关的一切责任、损失或风险。

内 容 提 要

腰肌对于理想的体态、力线、动作，以及整体的健康都异常重要，其功能与重要性超越了解剖学的神经复合体和能量系统，然而人们却对其了解甚少，甚至总是滥用。本书由著名的人体运动学专家乔·安·史道格-琼斯根据自身多年的理论学习及科研经验倾力打造，系统全面地解读与剖析了腰肌区域的生理常识和运动机制。

针对腰肌与神经系统及人体其他解剖结构的关联，全书通过附以全彩色专业解剖插图，详细介绍了融会经典瑜伽体式和普拉提动作的 70 个练习，精准锻炼髂腰肌群、骶髂关节、骨盆等身体核心区域的重要部位，旨在帮助久坐的上班族、健身爱好者以及专业运动员，正确地认识、使用和保护腰肌。

- ◆ 著　　　　　[美] 乔·安·史道格-琼斯（Jo Ann Staugaard-Jones）
- 　译　　　　　沈兆喆　邱先梅
- 　责任编辑　　刘　蕊
- 　责任印制　　周昇亮
- ◆ 人民邮电出版社出版发行　　北京市丰台区成寿寺路 11 号
- 　邮编　100164　　电子邮件　315@ptpress.com.cn
- 　网址　https://www.ptpress.com.cn
- 　北京盛通印刷股份有限公司印刷
- ◆ 开本：700×1000　1/16
- 　印张：8　　　　　　　　　　　　2018 年 4 月第 1 版
- 　字数：202 千字　　　　　　　　2025 年 8 月北京第 13 次印刷
- 　著作权合同登记号　图字：01-2016-1229 号

定价：60.00 元
读者服务热线：(010)81055296　印装质量热线：(010)81055316
反盗版热线：(010)81055315

目　录

序 ⋯⋯⋯⋯⋯⋯⋯⋯⋯⋯⋯⋯⋯⋯⋯⋯⋯⋯⋯⋯⋯⋯⋯⋯⋯⋯⋯ 4

前言 ⋯⋯⋯⋯⋯⋯⋯⋯⋯⋯⋯⋯⋯⋯⋯⋯⋯⋯⋯⋯⋯⋯⋯⋯⋯⋯ 6

第一部分　解剖导言 ⋯⋯⋯⋯⋯⋯⋯⋯⋯⋯⋯⋯⋯⋯⋯⋯⋯ 8

第1章　腰肌区域的解剖与生物力学 ⋯⋯⋯⋯⋯⋯⋯⋯⋯ 9

第2章　维护腰肌健康 ⋯⋯⋯⋯⋯⋯⋯⋯⋯⋯⋯⋯⋯⋯⋯ 19

第3章　下腰背疼痛的负担 ⋯⋯⋯⋯⋯⋯⋯⋯⋯⋯⋯⋯⋯ 45

第4章　腰肌与普拉提 ⋯⋯⋯⋯⋯⋯⋯⋯⋯⋯⋯⋯⋯⋯⋯ 53

第二部分　腰肌与神经系统 ⋯⋯⋯⋯⋯⋯⋯⋯⋯⋯⋯⋯ 72

第5章　联系——身体记忆：内脏与大脑间的联系 ⋯⋯⋯ 73

第6章　腰肌问题显现 ⋯⋯⋯⋯⋯⋯⋯⋯⋯⋯⋯⋯⋯⋯⋯ 80

第三部分　腰肌与功能解剖 ⋯⋯⋯⋯⋯⋯⋯⋯⋯⋯⋯⋯ 90

第7章　腰肌与骨盆底部：动觉平衡 ⋯⋯⋯⋯⋯⋯⋯⋯⋯ 91

第8章　腰肌与骶椎：行云流水 ⋯⋯⋯⋯⋯⋯⋯⋯⋯⋯⋯ 103

第9章　腰肌与肚脐：当功能遇见呼吸 ⋯⋯⋯⋯⋯⋯⋯⋯ 113

附录　屈髋的社会 ⋯⋯⋯⋯⋯⋯⋯⋯⋯⋯⋯⋯⋯⋯⋯⋯⋯ 123

作者简介 ⋯⋯⋯⋯⋯⋯⋯⋯⋯⋯⋯⋯⋯⋯⋯⋯⋯⋯⋯⋯⋯ 127

译者简介 ⋯⋯⋯⋯⋯⋯⋯⋯⋯⋯⋯⋯⋯⋯⋯⋯⋯⋯⋯⋯⋯ 128

序

　　我很高兴结识乔·安，并与她一起共事近十年，对于像她一样在思想和言行方面成为健康典范的人，我无比敬仰。作为老师和教授，她影响了许多人的生活。这是她撰写的第二本书，又一次会影响很多人。当她邀请我为该书写点什么时，我感到既惭愧又荣幸。得知书名后，我非常兴奋。我从事临床医务工作24年来，遇到过不少"有关腰肌的案例"，也非常明白这一常常被忽视的肌肉的重要性。然而，读完这本书之后，我再次感到惭愧。腰肌涉及内容非常广泛，然而自己对它的了解是那么有限。作为一名在职的临床医务工作者，我热衷于学习对我的思想产生重大影响的或是能够改善我的行医方法的课程和书籍。这本书毫无疑问属于此类书籍。

　　在房地产开发商的眼中，地理位置高于一切。按照这一标准，腰肌在身体中可以说是处于黄金地段。由于其所处的位置，腰肌有着独一无二的特点。它是连接人体上下半身的唯一的肌肉。因此，它在功能方面的作用也是非常广泛的。它既是主要的运动肌，也是重要的稳定肌，与其他主要的运动肌相互协作。所以，无论是功能上完成由下半身驱动的动作（如行走），或是完成以上半身驱动为主的投球、伸手至吊柜取放物品等动作，腰肌都有参与。许多临床医生很重视腰肌在屈髋动作中充当主要运动肌的功能。他们虽然知道腰肌与腰椎的前部相连，并且也了解很多筋膜与其连接，但是他们常常忽视了腰肌作为稳定肌的功能，也忽视了它对身体姿态的极大影响力。

　　通过解剖，我们发现腰肌附近有各种血管结构，尤其是主动脉和髂外动脉及其通过复杂的髂腹股沟区向股动脉的延伸体。腰肌凭借其在身体中的位置还能够影响血液循环。腰肌与筋膜形成极为重要的连接，为众多内脏结构和器官提供支撑。腰肌收缩，可以刺激和"按摩"这些器官，从而影响人体的消化、排泄、解毒等过程。通过解剖，我们还发现腰肌在腹腔神经丛部位与横膈肌也有联系。因此，腰肌对呼吸也有影响。关于腰肌对于"内脏信息交流"和"身体记忆"等方面的影响，乔·安在书中进行了出色的介绍。

　　最后，我想起了乔·安在书中提到的"正如宇宙中的万事万物是相互关联的，人体也是如此。人类是不断演化的生命形式"。这本书使我在生活和工作中受到了启发，并得到了帮助。我认为，所有读者读完这本书后都能增长知识并受到启发，从而能更深刻理解最佳的健康状态和身体功能。

　　祝大家身体健康！

　　　　加里·马斯拉克（Gary Mascilak）医生，D.C.，P.T.，C.S.C.S

前　言

这本书的写作目的在于向读者介绍人体中连接上半身和下半身的这块唯一的肌肉。因为实际上大多数人都没有意识到这块肌肉有多么重要。

我在进行关于人体中一个主要力量源泉的腰肌这方面的教学和研究的过程中，刚开始从人体运动学入手，而后逐步进入身体的其他领域。这段经历让我受益匪浅。

作为一名运动专家，我发现一年前出版的人体运动学的成果中有关腰肌作用和功能方面的内容都在不断变化。著名的腰肌方面的专家们不断地更新着研究成果，以便释疑解惑。最简化的表述就是：腰肌很复杂。我不再将腰肌称为屈髋的主要运动肌，而将其描述成髂腰肌群的一部分，其中髂肌在大多数情况下充当主要的屈肌。在腰椎中，其他的肌肉，主要有腹直肌，仍然作为屈髋肌提供主要的能量。腰大肌既是腰椎和髋关节的稳定肌，同时也是身体下半身的连接器。腰肌的这些作用从生物力学的角度来讲似乎更为重要，确立了它的重要意义。然而，在不同的运动中腰肌的稳定功能存在与否，仍然存在争议。

有关腰肌与神经系统之间关系的信息，浩如烟海，却又千真万确。我一直试图通过简单易懂的方式让更多的人能够了解这方面的知识。

腰肌作为一个"微妙体"，即使被认为与人体解剖结构相分离，但二者之间的联系却是真实存在的。原因是没有呼吸和肌肉的参与，能量是如何实现流动的呢？正如宇宙中的万事万物是相互关联的，人体也是如此。人类是不断演化的生命形式。

我们如何使用和保健腰肌是极为重要的。每个人的身体状况都是不同的，但是很多人误用腰肌的情况却极其明显。在很多不同的情况下，腰肌也成了"替罪羔羊"，本书对其中的一些情况进行了解释。要找到一位能够诊断和治疗腰肌问题的专家并非易事。治疗和持之以恒的康复性训练可能面临一些困难，但是对于恢复腰肌的全部潜能却十分有效。

　　我发现，在很多情况下，加强或拉伸次级肌肉（辅助肌肉）来放松腰肌能够更加直接地成为全身系统训练的补充。原因是，腰肌不只是被误用，甚至是被滥用。一旦得到放松，腰肌能够有效地承担本书中讨论的非常重要的角色。我非常喜欢一位杰出的腰肌专家利兹·科克（Liz Koch）对腰肌的描述用语"汁液丰富、反应灵敏、柔软灵活"。如果遵循这样的建议保养腰肌，我们将拥有一个健康的腰肌，毕竟健康的腰肌影响着人体众多的器官。

乔·安·史道格-琼斯

第一部分
解剖导言

  本部分意在解码一块重要的肌肉，虽然我们清楚没有哪一块肌肉是单独发挥作用的。人体的核心区域是由一组肌肉组成的，这组肌肉包裹着脊椎，维持其平衡。腰大肌就是这组肌肉中的一员，并且在腹直肌、腹斜肌、腹横肌、背阔肌、竖脊肌、腰方肌和背深肌群的协同下稳定腰椎。在髂股关节处，腰肌属于髂腰肌群的一部分，并与股直肌、缝匠肌、耻骨肌和阔筋膜张肌相互协作完成屈髋动作。在所有这些肌肉的帮助下，腰大肌可以自由执行一个最重要的功能：将所有的肌肉连成一个整体。

  在这个重视身体核心健康的时代，我们要铭记所有中心区域的肌肉相互之间必须处于和谐的状态，不要顾此失彼。许多健身教练片面理解"从肚脐到脊柱"的训练理念，主要训练身体中深层的腹横肌。大家必须要明白这只是一个形象的表述，千万不能依据字面的意思过度解读——将腹部想象成真空的，或是将背部压平。运动中的脊柱最佳姿势是中立位，即脊柱各段的生理弧度彼此平衡，使各块肌肉轻盈地发挥各自的作用。

  记住上述内容，下面我们从解剖开始讲起。

第1章
腰肌区域的解剖与生物力学

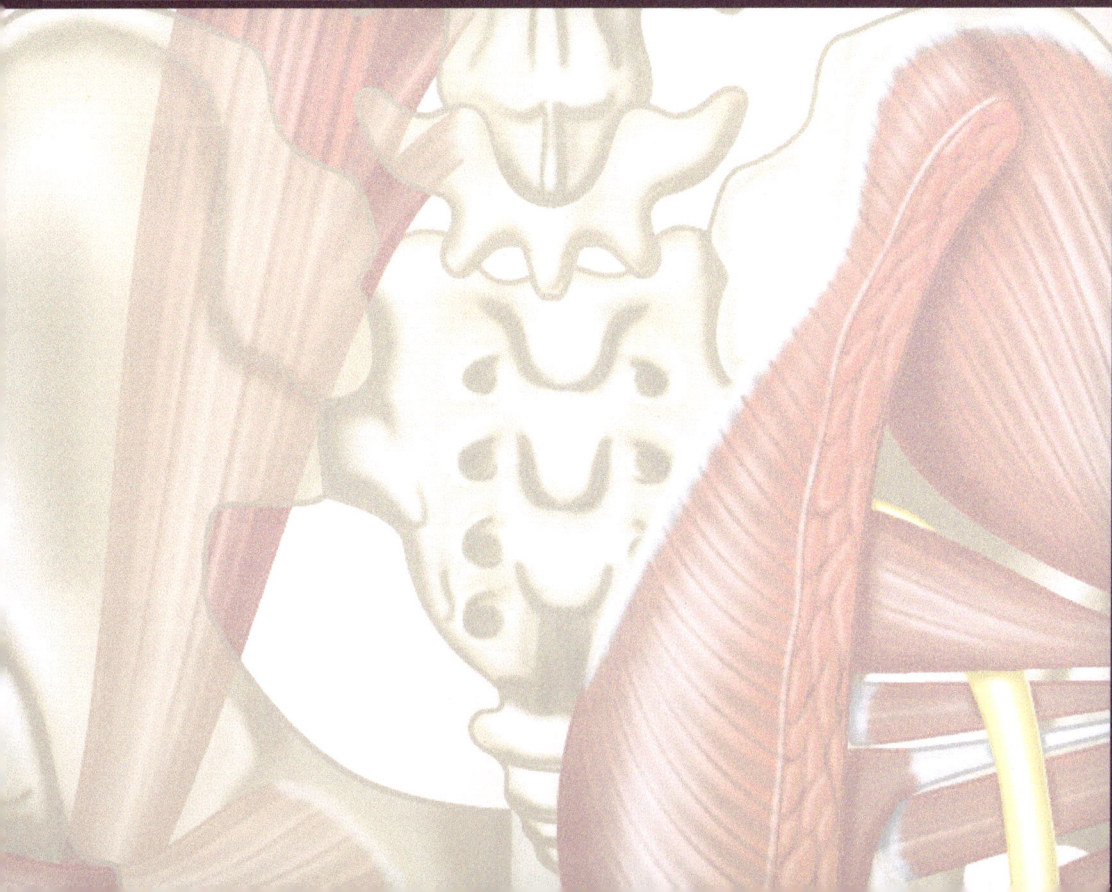

髂腰肌群：位置和各种动作

深藏在髋关节前侧和腰椎之中的就是腰大肌。有时也被称为"大腰肌"，它是人体中最重要的骨骼肌。它是唯一一块连接人体上下半身（脊柱和双腿）的肌肉。因此，腰大肌是一块具有非常重要意义的姿势肌，也是髂股关节和腰椎这两个不同关节的运动肌和稳定肌。同时，腰大肌也位于身体重心的附近。所以，腰肌的作用包括掌控身体的平衡，以及影响神经系统和其他人体解剖结构。

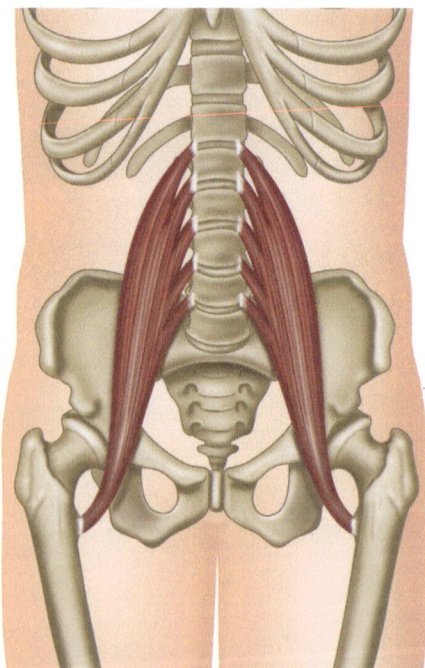

图1.1　腰大肌

腰肌包括腰大肌和腰小肌，主要在腰椎处合二为一。二者的区别在于远端的连接：腰大肌连接着股骨和脊柱（腰椎至上肢）；腰小肌连接着骨盆和脊柱。人类曾经使用四肢行走，那时腰小肌发挥着重要作用，但是现在腰小肌的存在对于人类来说已非必需。因此，有人说腰小肌以后将会消失。同时，腰小肌也是一块力量非常弱的运动肌。事实上，有些人体内只有一侧有腰小肌，或是根本就没有腰小肌。因此，仅用"腰肌"一词时，我们通常理解为腰大肌或是腰大肌和腰小肌结合在一起的腰肌群。

腰肌一词的英文单词"Psoas"，其中P不发音，读作"so-az"。

腰大肌和腰小肌二者均属于一个较大的肌群——髂腰肌群的一部分，其中还包括很大的髂肌。髂腰肌群同时收缩，可以实现屈髋动作。该肌群在屈髋肌中位置最深，同时也可能是力量最大的肌肉群。髂肌一端连接着股骨，另一端连接骨盆中的髂骨。腰大肌远端连接着股骨，近端（最接近身体中心的一端）穿过骨盆连接着腰椎的第一至第五椎的横突，有时也连接着胸椎的第十二椎的横突。大多数资料显示，腰肌的连接方式使腰肌至少有一部分可以弯曲腰椎，但目前对此说法仍存有争议。如果股骨固定不动，髂肌将作用于骨盆，而腰肌可以影响腰椎。腰肌甚至可以使用腰椎段的肌纤维伸展脊柱，对此我们将在后文中进行更详细的介绍。

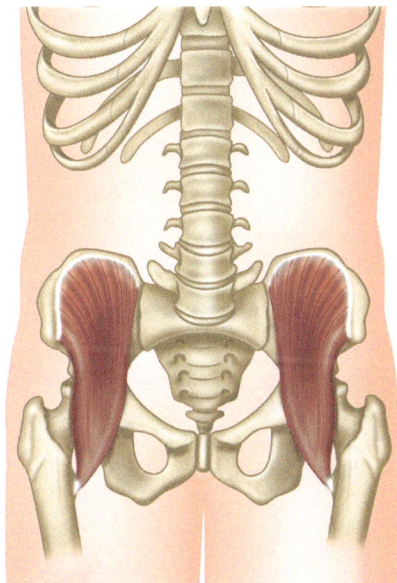

图1.2　髂肌

髂肌也可以协同股直肌等其他的屈髋肌群，辅助骨盆前倾。这种前倾有可能会增加腰椎的前凸，所以腰肌必须具备足够的力量和柔韧性，帮助该部位实现稳定，避免出现过度前屈或"后摆"。这种过度前屈或"后摆"，是造成人体不良姿势最常见的一种情况。腹部肌肉（具体来说就是腹直肌）也可以帮助纠正这种情况。在稳定腰椎屈伸过程中腰肌同时发挥着拮抗的功能。

腰大肌之外的各块肌肉维持骨盆处于身体的中心位置，同时保持脊柱的生理（自然）弯曲，这对腰肌在不疲劳的状态下实现不同的功能至关重要。

研究表明，腰肌通过与腰部的横突棘肌一起在腰椎周围形成一个肌肉束，可以使腰椎直立，同时其他纤维可以使腰椎弯曲。不论是让腰椎直立或弯曲，腰肌作为身体中的一块核心肌肉，对于实现身体的正确姿势都发挥着作用。在运动过程中（即使在站立的状态下），身体的重量通过躯干转移至腿和脚上，腰肌有助于让脊柱、骨盆和股骨处于彼此关联的位置，因此腰肌对于身体重量的转移也极为重要。

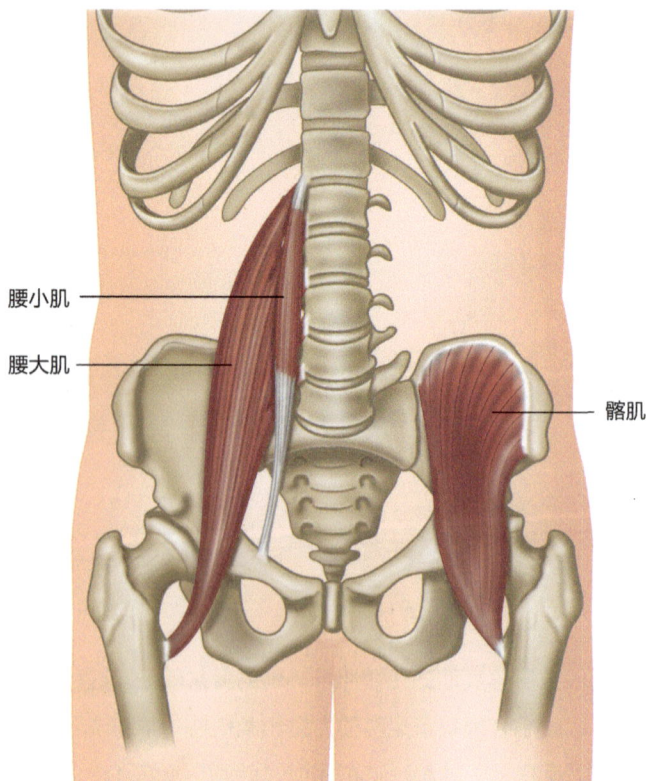

图1.3 髂腰肌群。想象该肌肉结构位于身体的两侧，从而充分发挥该肌肉群的作用

　　髂腰肌群由三块肌肉组成，位于身体中较深的位置，且非常有力。该肌群中各块肌肉相互配合，可与其他髋部前侧肌肉一起实现使大腿前移（屈髋）。如果骨盆保持不动，大家可以在体前抬腿，如同V形姿势，可以单独看到腰大肌。由于重力的影响，这使腰肌非常有力地支撑腰椎，同时在髋部发挥较小的作用。

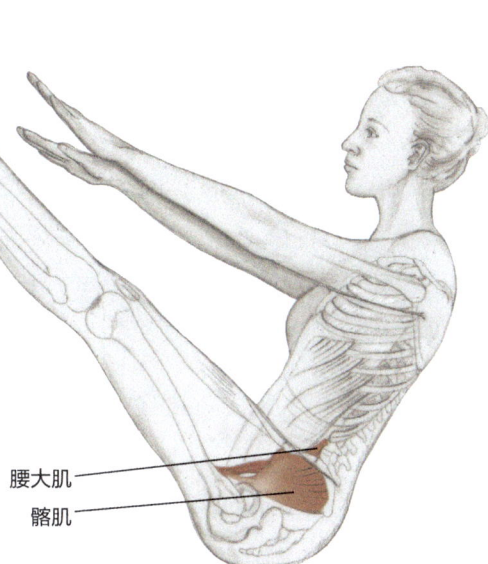

腰大肌

髂肌

图1.4　V形姿势，单独呈现腰大肌

　　如同大多数的脊柱肌肉，腰肌还能帮助腰椎侧向弯曲（右侧腰肌收缩使腰椎向右侧弯曲，即身体同侧弯曲）和对侧旋转（右侧腰肌收缩使腰椎向左侧旋转），腰肌在上述情况中发挥收缩功能非常小。相比之下，腰肌在发挥其他功能时收缩能力更强。

腰大肌附近的身体其他结构

腰肌与很多其他主要肌肉配合共同为运动提供动力或是维持稳定，这些方面的讨论将贯穿全书。这里我们将要讨论的是人体腰椎伸肌的辅助肌群。

横突棘肌群属于背深肌群的一部分，具体来说包括半棘肌、多裂肌和回旋肌。后面两块肌肉与腰大肌形成了围绕腰椎的肌肉束，有助于维持脊柱的直立。而腰肌的这项工作与其参与腰椎弯曲的功能相互冲突。理解这一点，需要大家具备实践的知识，这也是托马斯·迈尔斯（Thomas Myers）在2009年出版的《解剖列车》（*Anatomy Trains*）讲解的内容。他在书中对此这样解释，上部腰肌纤维协助腰椎的弯曲，下内部肌纤维协助腰椎的伸展，而其他一些科学家则持相反的观点。虽然对此尚无定论，但是我们要记住最重要的是，在脊柱直立的情况下，腰肌的稳定功能大于运动功能，而大量的收缩工作是由力量更大的脊柱伸肌和脊柱屈肌承担的。

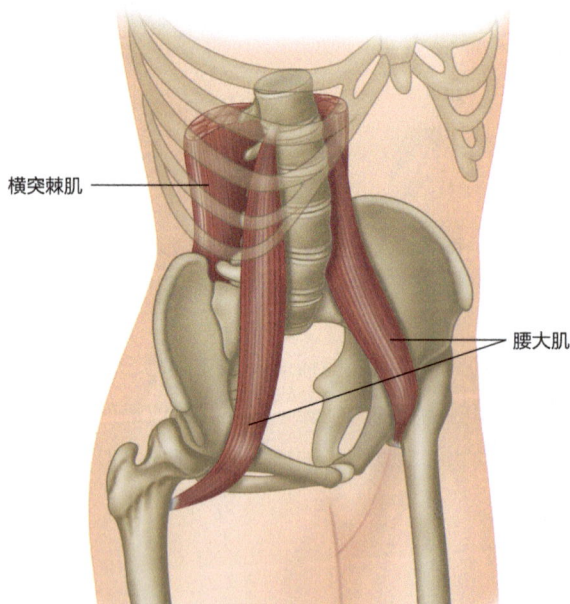

横突棘肌

腰大肌

图1.5 背深肌群与腰大肌之间的关系

要触摸腰肌部位，必须从身体前面肚脐侧方向下3英寸（1英寸≈2.54厘米）入手，接着穿过腹部肌肉、一些身体器官以及其他的肌肉（几乎是不可能完成的）。

腰肌深藏在身体核心区域之中，腰椎左右两侧各有一块腰肌。由于腰肌接近身体多个器官、动脉和神经组织，所以很难摸到，因此通常也不建议这样做。腰肌沿着骨盆和股骨颈的前面向下连接到股骨上段内侧的小转子上。腰肌位于腹股沟韧带之后。腹股沟韧带的起止点分别是髂前上棘和耻骨结节，这两点都很明显且向外突出，位于骨盆前侧，可以轻易找到。当我们向前屈髋抬起大腿时要感受到髋部屈肌的收缩，我们可以先找到髂前上棘的外侧下沿，再按压此处即可。

髂腹股沟神经控制该部位的感知，因此在治疗腰肌时，我们必须考虑髂腹股沟神经。同时我们还要考虑到腰肌内侧缘与髂外动脉接近。髂外动脉的直接延续就是股动脉。股动脉为人体下肢大部分的区域供血。生殖股神经由于与腰肌较近有可能也受其影响，在治疗中也要考虑这一点。

如前所述，由于腰肌所处中心位置，身体中多个器官都与腰肌有关联。肾、输尿管和肾上腺都在人体中段，因此，在对腰肌进行治疗的过程中必须慎重对待。

筋膜覆盖其他多块肌肉，同样也覆盖着腰肌，它是包裹和分开肌肉的连接性组织。腰筋膜（也称腹腱膜）与腰肌筋膜融为一体，从腰椎的第一椎向骶骨延伸，从髂嵴延伸至腰方肌和髂肌。髂筋膜接着又连接腰小肌（如果存在）的筋腱以及腹股沟韧带。接着到了大腿，腰肌和髂肌筋膜形成了一个单一结构，称为髂耻筋膜。髂耻筋膜从股血管后方穿过，而腰丛神经支位于该筋膜的后方，因此该部位极其复杂。

髋臼内部有一个大的黏液囊（充满液体的囊，提供缓冲）。该囊通常将腰大肌的肌腱与关节囊和耻骨分开。

相对于腿部、骨盆和躯干，腰肌的位置最为重要。腰肌充当一种传导结构，随着腰肌纤维向下和向外延伸，引导对脊柱的支撑。然而，这些肌肉纤维又向后朝大腿方向延伸，使腰大肌成为一种纺锤状的肌肉。这种纺锤状的肌肉，中间宽而两端细，与肱二头肌相像。从外形上腰肌又像一个拉长了的梯形，但是由于腰肌沿着它所强化的骨盆结构稍稍进行了螺旋状的旋转，所以我们必须从三维的角度进行观察。

腰肌悬置于人体躯干和两腿之间有助于通过脊柱来传导动作，并在行走等移动动作中使人体的重量从躯干向大腿转移。大家想象一下如果一侧腰肌与另一侧腰肌之间存在不平衡，这将对步态和迈步会造成什么影响。而如果左右两侧腰肌都是处于健康状态并能自由运动，那么人体的运动和各系统内部的协同作用就会稳定顺畅。

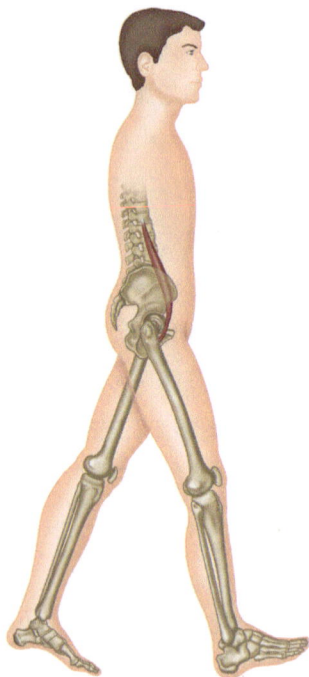

图1.6 行走过程中处于平衡状态下的腰肌

腰肌是重要的结构

腰肌被认为是一块核心肌肉，充当着拱顶石的作用，是股骨和大腿肌肉"飞拱"的主要部分，但其重要性又大于后者。建筑学中"飞拱"这一重要概念，同样也存在于人体骨盆-腿之间的骨骼关系中。正如飞拱支撑着建筑结构，腰肌也支撑着人体。

腰肌纵向连接着脊柱和腿部，斜向穿越骨盆。作为一块穿越一个以上关节的骨髂肌，腰肌是关联两个关节的肌肉，这是一个极为重要的概念。但腰肌还承担着一项有趣的功能：与底部的骨盆和盆底肌一起，是支撑人体内部器官的架子。

因此，腰肌（肌肉收缩）产生的任何力量都能刺激和按摩多个人体器官，诸如肠道、肾、肝、脾、胰腺、膀胱以及胃等。一些位于深层中心位置的内部器官被称为内脏，这些器官与大脑之间的交流被称为内脏的信息传递。腰肌，由于接近多个主要器官，可以对于上述的刺激做出反应。

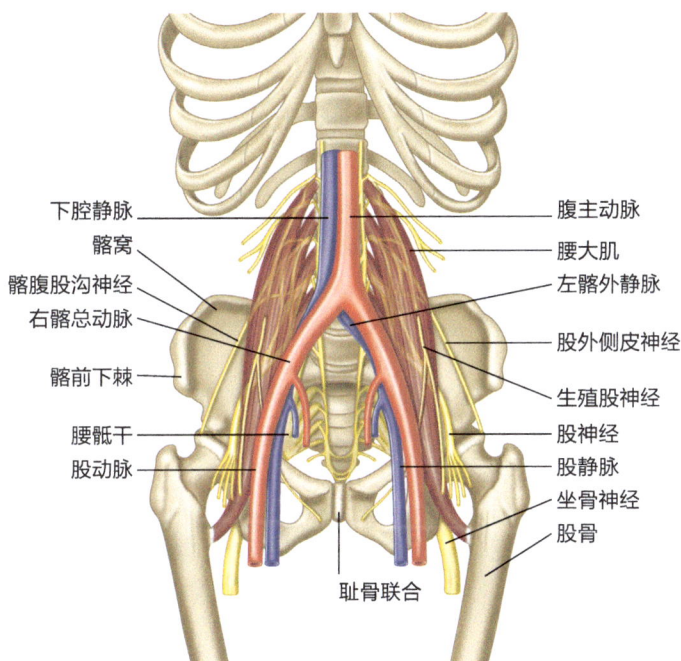

图1.7 神经（腰椎神经复合体）和动脉与腰大肌接近

腰肌还能影响神经支配，尤其是从腰肌中穿过的腰椎神经复合体。主动脉（人体内最大的动脉）与腰肌也有类似的路径，所以身体中的血液循环和节奏也与腰肌交织在一起密不可分。

还有一个明显的事实，腰肌和一个作为主要呼吸肌的横膈膜（横膈膜由膈肌组成）在名为腹腔神经丛的地方交会。腹腔神经丛与人体器官、骨骼或肌肉不同，它并非实际的解剖对象。它更多地指的是一个部位。这个部位位于胃部之后，中心接近肚脐，并位于主动脉和横膈膜之前，其中包括一个神经网络。

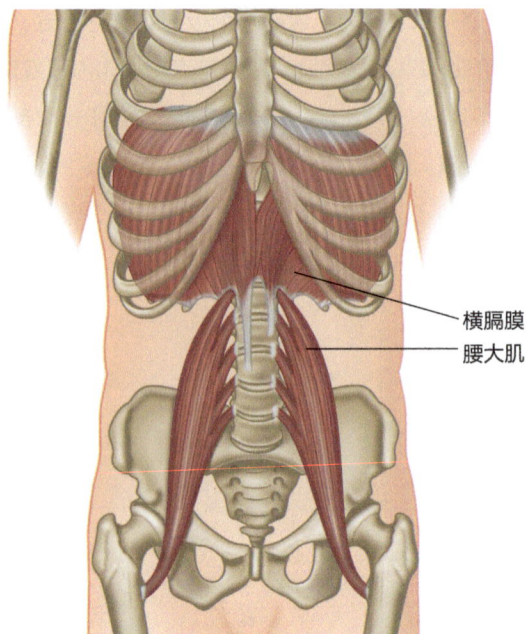

图1.8 腰肌与横膈膜相交于被称为腹腔神经丛的连接点

横膈膜

腰大肌

腰肌如此特别。人们对它有诸多的昵称，包括"幕后的捣蛋鬼""倔强的腰肌""伪装大师""指挥家""面对威胁做出是战是逃重要抉择的肌肉"等等。加里医生是一名出色的物理治疗师，他将腰肌称为人体"前面的屁股"。这是一个相当奇妙的称谓！

腰肌的功能包括：

- 平衡人体的核心部位；
- 激发多个器官和神经发挥作用；
- 像其他肌肉一样收缩、放松、稳定、中立或是退化；
- 连接人体上下半身。

腰肌只要处于放松（不紧张或僵硬）和健康状态，它还能适应多种不同的变化。接下来的几章将向大家展示如何通过各种不同类型的练习保持腰肌的平衡，并探讨腰肌对人体状态的影响。

腰肌影响人的方方面面。

第2章
维护腰肌健康

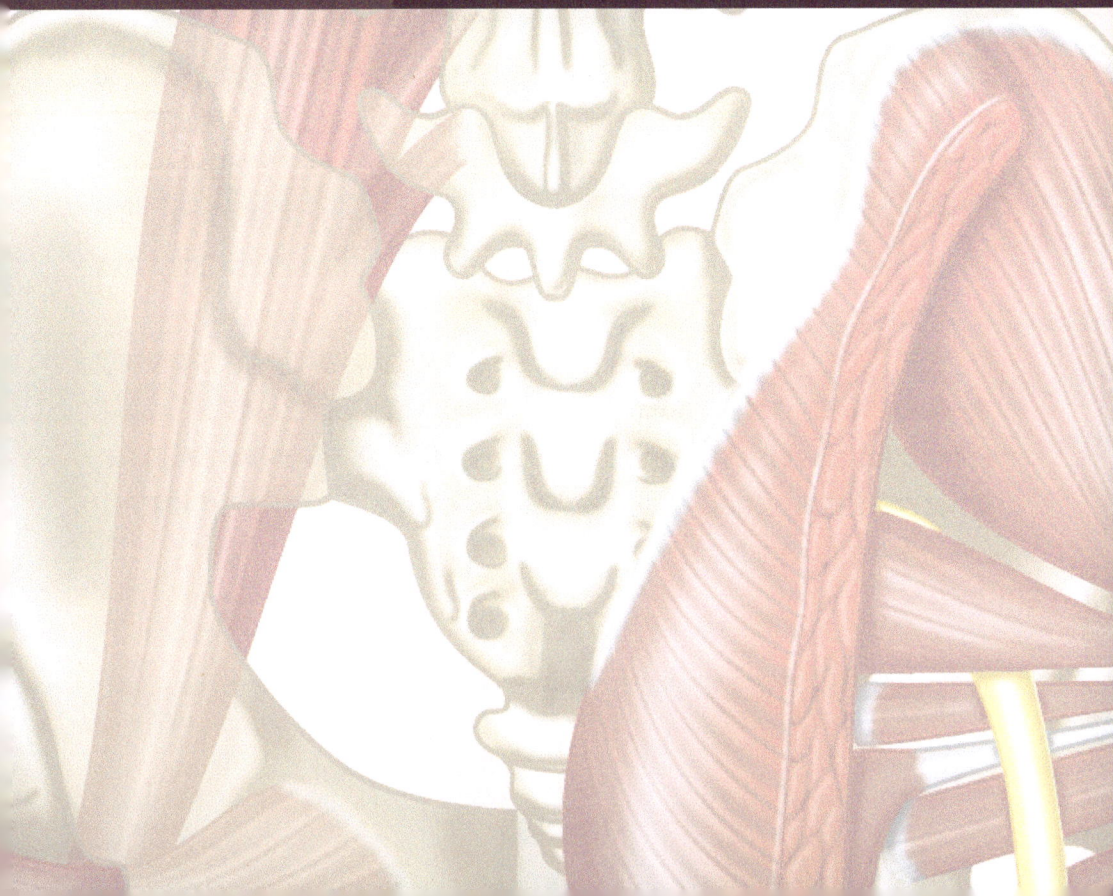

第 1 章已经说明腰大肌承担众多职能。腰肌位于人体的核心部位，正因如此往往受到过度的使用。我们还要注意到，要使腰肌保持健康和活力，其他相关肌肉必须有力且适应性强。这些肌肉指的是腹肌、脊柱伸肌，以及体后的拮抗肌，如臀大肌。只要能辅助骨盆处于中心位置并维持其平衡的肌肉，如腰方肌和深层旋转肌群，也能帮助缓解腰肌的压力，使其连接躯干和两腿，并高效地充当二者间的信使。下列各种练习将有助于恢复腰肌的活力。

"放松腰肌"练习：适合所有人的建设性的休息姿势

这是一种仰卧姿势，多年来人们一直学习这种姿势。该套体系是由梅布尔·托德（Mabel Todd）于20世纪初期在美国波士顿发展起来的，后来到了纽约，将其作为严苛军事化身体教育的替代方案，她将这个方法称为"自然姿势"，这一理念后来被称为"意象促动法"。这种方法指通过想象进行运动从而提高肌肉的协调能力。这套方法不但有创意而且科学，它基于功能解剖学，动作简单，套路新颖。哥伦比亚大学、纽约大学以及茱莉亚学院都在教学中采用这套方法。

璐璐·史薇卡（Lulu Sweigard）曾是托德的学生，后来成了她的同事。璐璐·史薇卡于20世纪20年代后期在纽约将这种训练称为"建设性的休息姿势"。托德的其他学生，如巴巴拉·克拉克（Barbara Clark）、萨利·斯威夫特（Sally Swift）以及后来的艾琳·道登（Irene Dowd）都成为这一领域的著名教练。世界各地的人们一直在学习这种训练方法，试图通过一种更加自然的方法纠正错误的身体运动方法。

今天，人们广泛地练习这一姿势，专业舞蹈演员或练习者很少有人没有受益于这一姿势。本书的作者曾在多年前在纽约大学学习过"建设性的休息姿势"，即平躺休息姿势，如今仍然练习这种姿势，目的包括治疗腹部和子宫痉挛，放松肌肉，具体来说就是腰肌。这种姿势对于放松肌肉收缩非常有效，能够使骨骼（和重力）处于身体中立位从而实现休息状态。

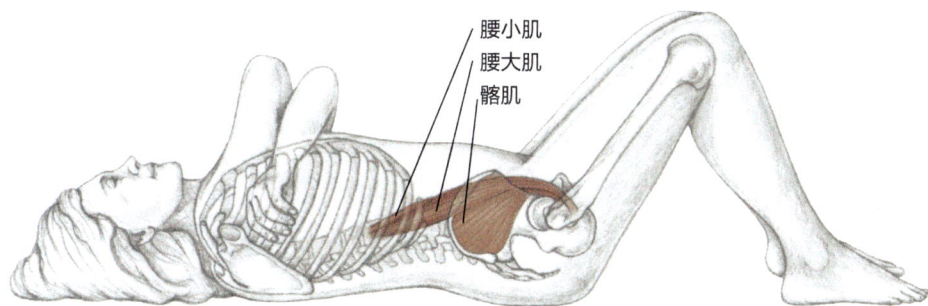

腰小肌
腰大肌
髂肌

图2.1 建设性的休息姿势

技巧讲解：首先选择一个稳固且平坦的地面，仰面躺下。屈膝，两脚分开与髋同宽，平踩于地面上。头部需要支撑，使其能够与脊柱成一条直线。有些人喜欢将髋、膝和双脚相互对齐，如果完成这个动作有困难并造成肌肉紧张，那么请稍稍增加双脚之间的距离并将脚趾向内转动，让双膝相互依靠。

> 股骨将轻柔地落入髋臼中处于休息状态，同时释放屈髋肌群的紧张状态，脊柱也将呈现生理弧度。这两种情况都将放松腰肌。

双臂交叠于胸前，如果这一姿势导致身体不适，可放松双臂置于地上。（不要忘记，这是一个休息姿势！）

想象以下场景：

1.闭上双眼，想象整条脊柱充分伸展。

2.想象有一条能量的流动线，沿着脊柱向下流动，接着在两腿之间形成回流，进而在身体前面往上流动，再沿着脊柱向下流动。

3.利用能量循环线，当能量沿着脊柱向下流动时吸气，当能量沿着身体前面向上流，就像围绕躯干"向上拉夹克拉链"一样，此时呼气。

4.感觉头部的重量落向地面而非背部，但是头部与脊柱成一条直线。

5.放松身体，在不使用肌肉的前提下，让呈线性的脊柱和盆骨支撑身体。

6.感觉双膝被垂挂于衣架之上，两条大腿挂于衣架一侧，两条小腿挂于衣架的另一侧，而衣架则悬挂于上方。

7.将注意力集中在大腿上，想象一条小瀑布从膝部向下流入髋臼，放松大腿上的肌肉。

8.想象另一条瀑布涓涓细流从膝部沿着胫骨流入脚踝，缓缓流动。

9.感受双脚和双眼在凉爽的池水中处于放松的状态。

10.不断慢慢地重复整套想象的场景，持续时间不低于10分钟。完成后，不要直立坐起，而是滚动身体至一侧，缓慢转入坐姿，以便不干扰已经调整好的姿势。

［曾经有很多优秀的老师教过本书作者这套方法，虽然无法回忆起每位老师的名字，但是作者要向安德烈·伯纳德（Andre Bernard）和艾琳·道登两位良师益友致谢。］

腰肌在腰椎部位处于一种放松的状态。在练习上述姿势时，如果有别人在一旁缓缓读出需要想象的各种场景，将有助于引导大家完成练习。即使在屈髋的时候，也没有主动发力去对抗阻力，所以腰肌处于休息状态。大家可以每天进行上述练习，它对时间和人群均无限制，能让腰肌得到暂时的放松。初次练习这项技巧时，大家可能会遇到身体不适的问题，甚至会导致情绪化。

> 在建设性的休息姿势下，身体将任由重力发挥作用——不作对抗，身体变得更加平衡且容易形成自然的骨骼排列和姿势。

皮特·伊格休（Pete Egoscue）设计了一套名为伊格休方法的练习用于缓解慢性关节疼痛，其中介绍了另一种身体姿势，这种姿势对于放松腰肌非常有效。这种姿势在原理上类似于建设性的休息姿势，练习者仰面躺在地上，小腿单腿或双腿置于支撑物上，支撑物的高度应与股骨的长度一致。支撑物承担小腿的重量，并允许大腿直接插入髋臼中，从而放松腰肌和其他的髋部和脊柱肌肉。尽可能长时间地保持这个姿势以实现最佳的放松。如果找不到支撑物，可将双脚抵在墙上，分开与髋同宽，弯曲双膝，置于髋部的正上方。在不过分使用腰肌的情况下还可以增加卷腹的动作。

理解"中心"：骨盆稳定性练习-级别Ⅰ

要理解和感受骨盆稳定这一概念，尝试以下练习：

1. 深呼吸： 仰卧屈膝，双脚着地，分开与髋同宽，双手置于髋骨的前上方，确保它们都在一条直线上。自然深呼吸，强力呼气调动腹横肌，练习者将会感到呼气时腰部似乎系了"肚带"。在保持骨盆稳定的情况下，完成至少5次完整的呼吸。

2. 骨盆倾斜： 摆出与上面一样的姿势，两臂置于身体的两侧。吸气时，让骨盆向前倾斜；释放前髋骨（髂前上棘）上移，同时尾骨仍要接触地面。呼气并将肚脐向地面方向下压，同时骨盆向后倾斜。缓慢完成这个动作5次，接着恢复正常姿势，即脊柱的自然弧度。骶骨（而非下腰背）将置于地面，骨盆处于中心位置。

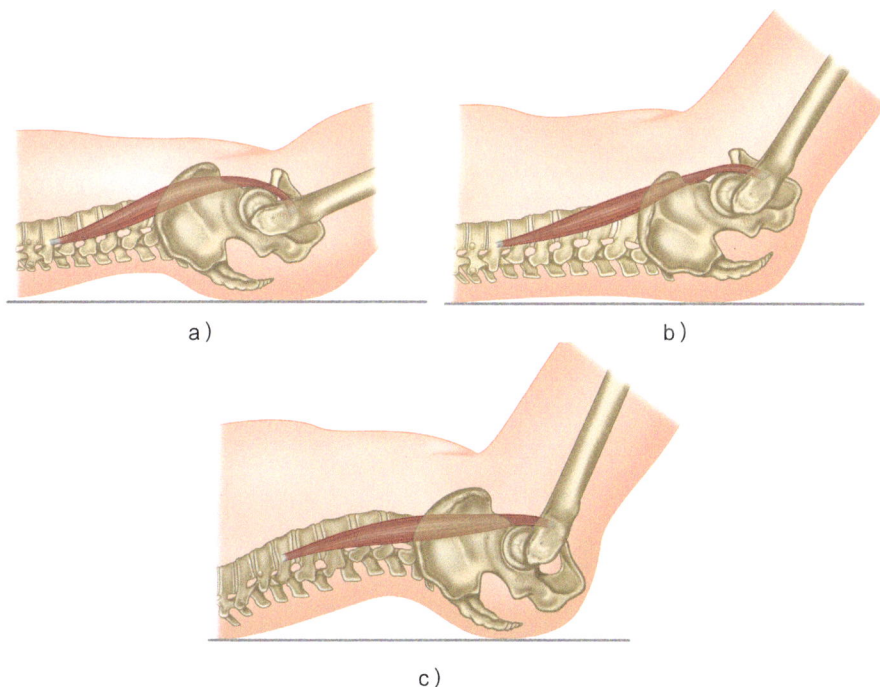

a)

b)

c)

图2.2 骨盆倾斜：a）脊柱中立位；b）向后倾斜；c）向前倾斜

3.骨盆旋转练习： 与第一个练习姿势相同，仰卧，双臂置于身体的两侧。双腿撑地，同时将髋抬离地面约2英寸。尝试以下三个动作：

a）左右大幅摆动髋部6次。

b）左右旋转髋部6次。

c）8字形移动髋部6次。

最后沿着腰椎逐节放下，让骨盆处于中立位。完成这项练习，练习者会不由自主地感受到人体中心的位置所在。

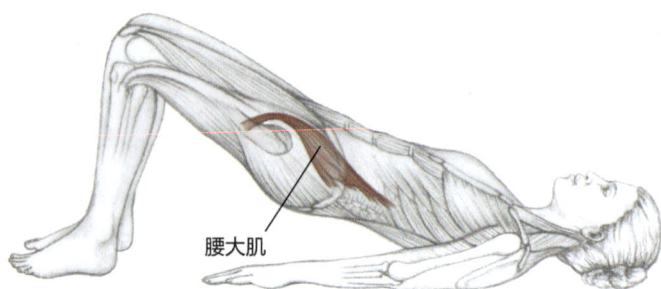

腰大肌

图2.3　骨盆旋转练习

为了让大家对于第二、第三个练习中骨盆移动有个直观的认识，图2.4介绍了骨盆可以移动的三个平面。

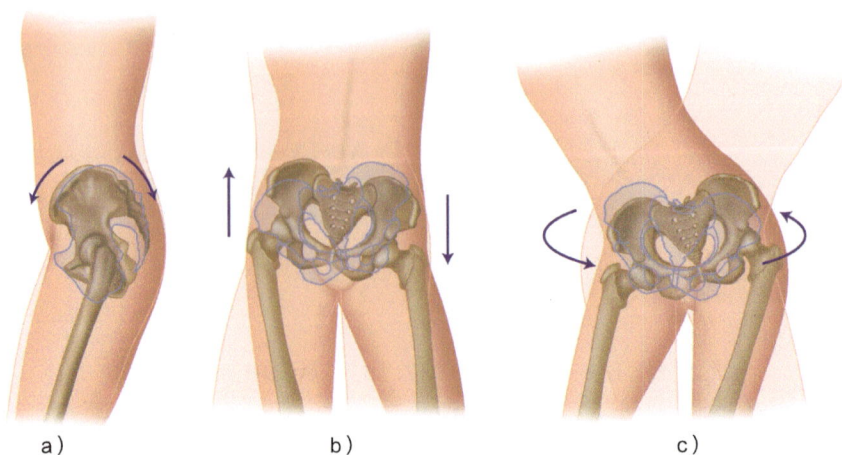

a）　　　　　　　　　　　b）　　　　　　　　　　　c）

图2.4　骨盆可以在三个平面上移动：a）矢状面（平面1）；b）额状面（平面2）；
　　　　c）水平面（平面3）

平面1

在矢状面上，可以前后移动，通常称之为骨盆倾斜（参看图2.2）。以髂前上棘（ASIS）作为参照点。大家可以将手置于前髋骨上就能感受到这个点位。骨盆前后移动。当骨盆前移时，腰椎伸展幅度增大且髋部屈曲。当骨盆后倾时，调动腰肌和腹肌，腰椎屈曲。

平面2

在额状面上，骨盆左右侧向移动，类似于"提髋"动作。腰椎也将横向移动，髋部将进行外展或内收动作。

平面3

在水平面上，骨盆向内或向外旋转，旋转的幅度非常有限，且必须借助于骶髂、腰椎和髋关节。这种运动类似于"拧"的动作。

以上练习可以调动骨盆区域，但不会造成过度拉伸。如果骶髂关节等敏感区域变得过于松弛，进行上述练习至少会造成身体不适，还有可能发展成慢性下腰背部疼痛。如果韧带过度拉伸，将导致韧带不能收紧，造成关节连接松弛。因此，关节移位，影响稳定性。为了保持关节的稳定，将出现肌腱超负荷工作。出现骶髂问题，腰肌也会参与代偿运动，导致腰肌运动过量。

骨盆有两个重要的关节区，具体来说，分别是骶髂关节和髂股关节。骶髂关节为骶骨和髂骨（骨盆两侧）相连接的部位，可移动性最小。该关节属于滑动关节，女性在分娩时该关节更为灵活。

髂骨和骶骨之间有强健的韧带将二者连接起来。很多女性在分娩之后出现骶髂骨间的位移，有人认为造成这种情况的原因是分娩过程中骶髂之间的韧带由于过度拉伸使其分娩之后变得松弛，这种说法似乎是合理的。骶骨、髂骨位移可能导致下腰背部的不适。针对这种情况，大家可以进行一些力量练习弥补骶髂韧带的松弛。本书第28页介绍了一种下蹲练习。当髋部处于外旋姿势时进行这种下蹲练习是最适合这个骶髂部位的力量运动。芭蕾舞中的大蹲动作也很管用。

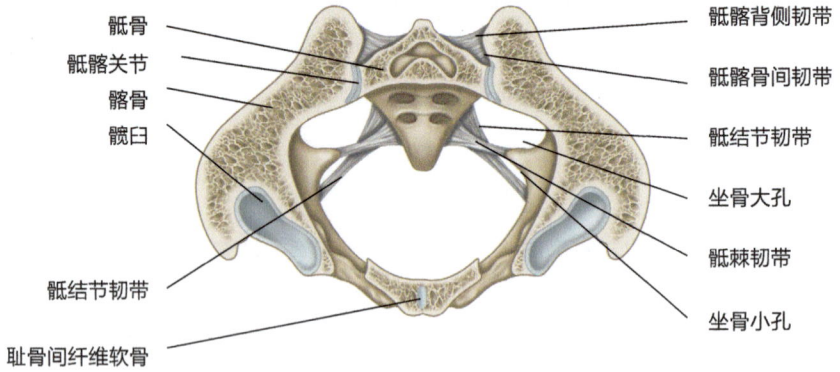

骶骨

骶髂关节

髂骨

髋臼

骶结节韧带

耻骨间纤维软骨

骶髂背侧韧带

骶髂骨间韧带

骶结节韧带

坐骨大孔

骶棘韧带

坐骨小孔

a）

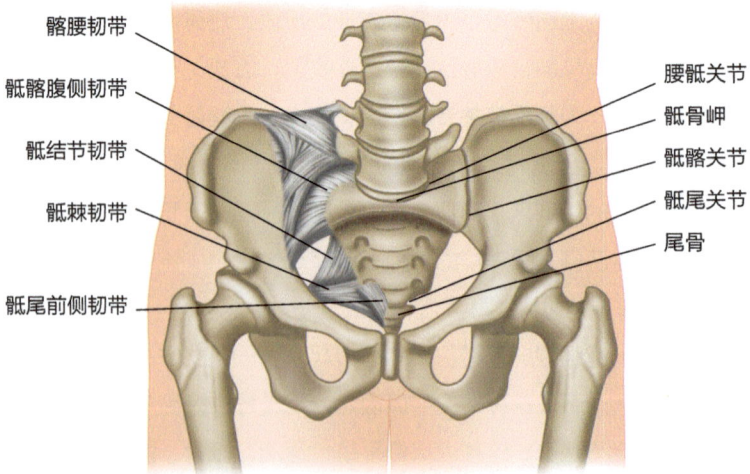

髂腰韧带

骶髂腹侧韧带

骶结节韧带

骶棘韧带

骶尾前侧韧带

腰骶关节

骶骨岬

骶髂关节

骶尾关节

尾骨

b）

图2.5　骶髂关节：a）骨盆横切面；b）骨盆韧带

髋部有六小块深层的外旋肌肉，起于骶骨，经过骨盆，止于股骨。重点关注这些肌肉有助于实现骶髂关节的稳定，这些肌肉包括梨状肌、两块子子肌、两块闭孔肌和股方肌。如图2.6所示，注意梨状肌后方坐骨神经的位置。如果肌肉过度收缩，它将压迫坐骨神经，成为导致"坐骨神经疼"的主要因素。第31页介绍的骶髂关节拉伸练习将缓解坐骨神经承受的压力。

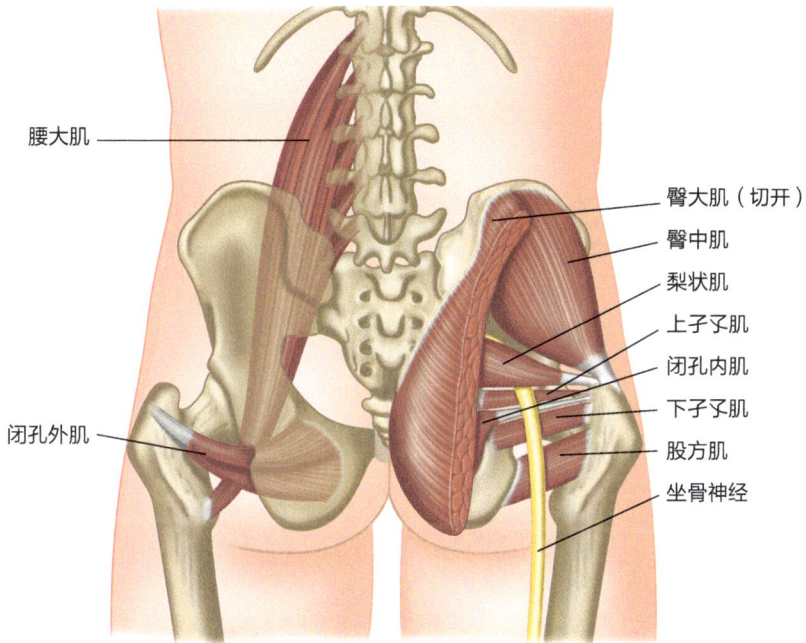

腰大肌

臀大肌（切开）
臀中肌
梨状肌
上子子肌
闭孔内肌
下子子肌
股方肌
坐骨神经

闭孔外肌

图2.6　六块深层的外旋肌肉

骶髂关节练习

骶髂关节如同腰肌一样，正确调动腹肌、竖脊肌、臀大肌以及髋部的深层外旋肌肉的有关练习同样有助于骶髂关节保持强健而灵活。这些练习可以作为骨盆稳定练习的补充。

1. 下蹲练习（级别I/II）： 关于下蹲运动存在很多误解，且大多数人都不会将其视为促进骶髂关节健康的练习。如果做法得当，选择的阻力又没有超过极限，这些下蹲运动对于提升骨盆、核心及髋部的力量很有帮助，同时还能增强对骶髂关节和腰肌的保护。

练习技巧：

a.首先，站在一面镜子前，身后放一把椅子。

b.举手过头抓住一根轻质横杆，注意不要耸肩。背阔肌、筋膜以及肋骨将向骨盆的反方向拉伸。

c.在屈膝下蹲至坐姿时，调动腹肌和竖脊肌。

d.让髋部落向后方的椅子，髋部尽可能深地弯曲。保持头和胸前倾，注意不要鼓起胸腔。大腿上部如能与地面平行，那么效果最好。

e.保持坐姿10~20秒。当人体处于这个姿势时，以及由此恢复直立的过程中，臀大肌以及核心肌肉都将得到锻炼。

重复此项练习5~10次，每次重复过程中向上并稍稍向后拉伸后背，以此打开前髋骨。在拉伸的过程中，务必不要失去核心肌肉和臀大肌的参与，也不要过多地拉伸下腰背部。

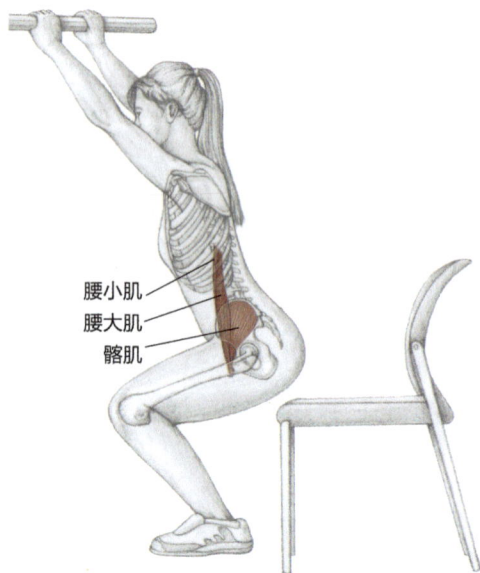

腰小肌
腰大肌
髂肌

图2.7 下蹲练习

2. 脊柱扭转练习（级别I）： 配以针对性的臀大肌运动，站姿脊柱扭转练习是最有益的旋转练习。

练习技巧： 挺直站立，两脚分开，与髋同宽。保持骨盆前倾，向右旋转脊柱上部（胸椎和颈椎），同时收紧臀大肌并利用核心肌肉（不要用力过度，收缩可以较为轻柔）。保持扭转姿势时伸长脊柱并做深呼吸。髋部可以进行小幅度地扭转，这样可以保护腰椎、骶髂关节和腰肌。反向扭转重复上述动作。

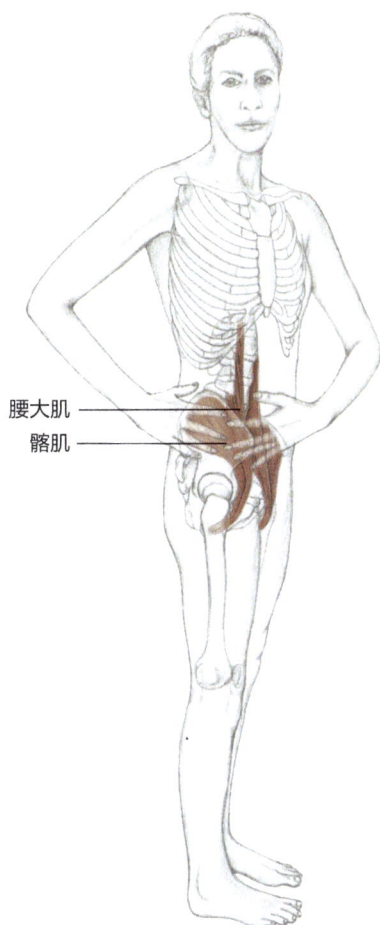

腰大肌

髂肌

图2.8　脊柱扭转练习

3. 手/膝支撑平衡练习（级别I/II）。

练习技巧： 摆出桌式姿势（"爬姿"），确保双手位于双肩的正下方，双膝位于髋部的正下方。

级别I： 将一条腿向后伸展，与髋同高，抬起对侧手臂向前伸展。保持骨盆处于中心位置，使用核心肌肉。

级别II： 摆出上述类似姿势，不同的是支撑的手和膝彼此对齐。这种姿势压缩了支撑面，增加了维持身体平衡的难度。坚持这个姿势10～20秒。增加一个"后坐"的动作，放松臀大肌向后落向脚跟，保持这个姿势能够增加练习效果。

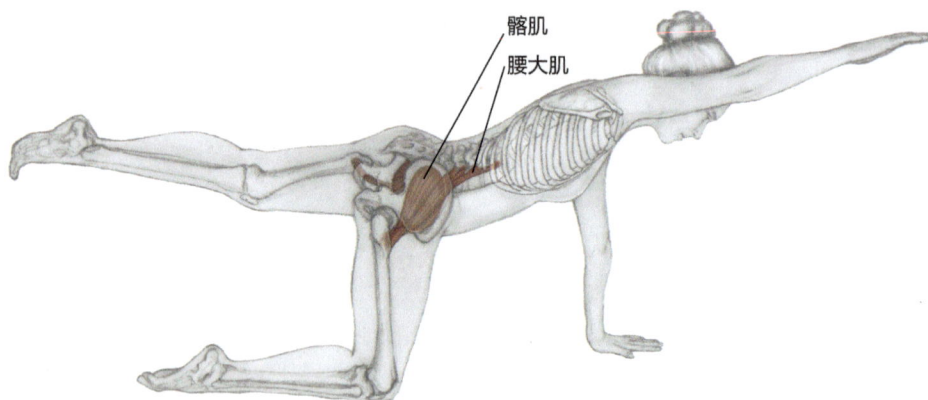

图2.9　手/膝支撑平衡练习

4.骶髂关节拉伸练习（级别I）： 如果骶髂部位过于紧张，可以通过下面这个练习进行缓慢拉伸。腰肌远端在得到放松的同时，腰肌上部也会受到影响。这项练习对于拉伸髂胫束和臀小肌效果也很好。

练习技巧： 仰卧，两腿伸直，双臂外展。弯曲一条腿，将膝部收向胸部，并让其落向对侧；让髋部随之一起转动。保持双肩接触地面，但不要对其用力下推。呼吸放松，旋转不得加力。换另一条腿重复上述动作。

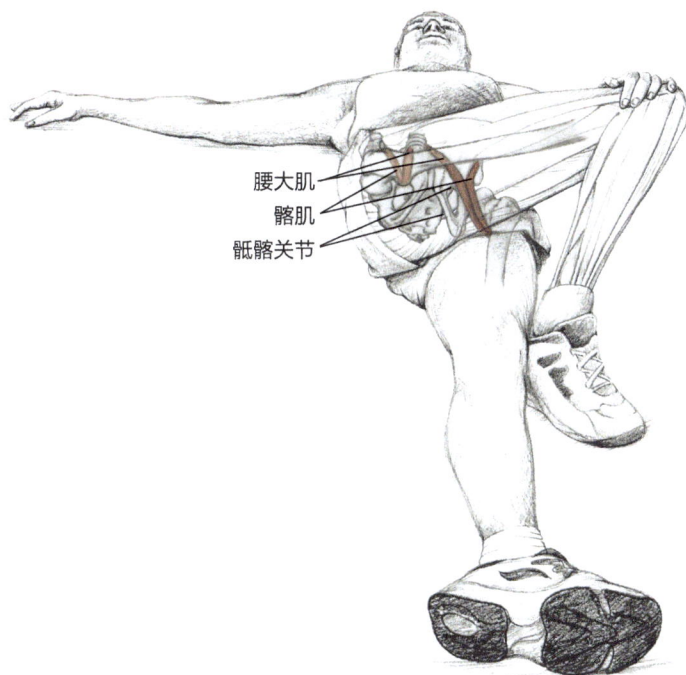

腰大肌
髂肌
骶髂关节

图2.10　骶髂关节拉伸练习

寻找平衡：直立稳定性练习

在某种意义上来说，腰肌的功能类似钟摆，让沉重的腿部远离脊柱向前摆动从而实现人体的行走。了解了这一点，我们就知道，腰肌与身体移动相关，保持骨盆的中心位置有多么重要了。当然随着身体的移动，骨盆也会进行小幅的移动，但是它会始终保持其中心位置。

骨盆分左右两侧，骶骨位于二者中间，骨盆两侧必须相互保持平衡。大家可以利用腰方肌、腹横肌等主要的稳定肌维持骨盆处于中心位置，同时也放松腰肌，让其协助身体重量的转移进行直立动作。

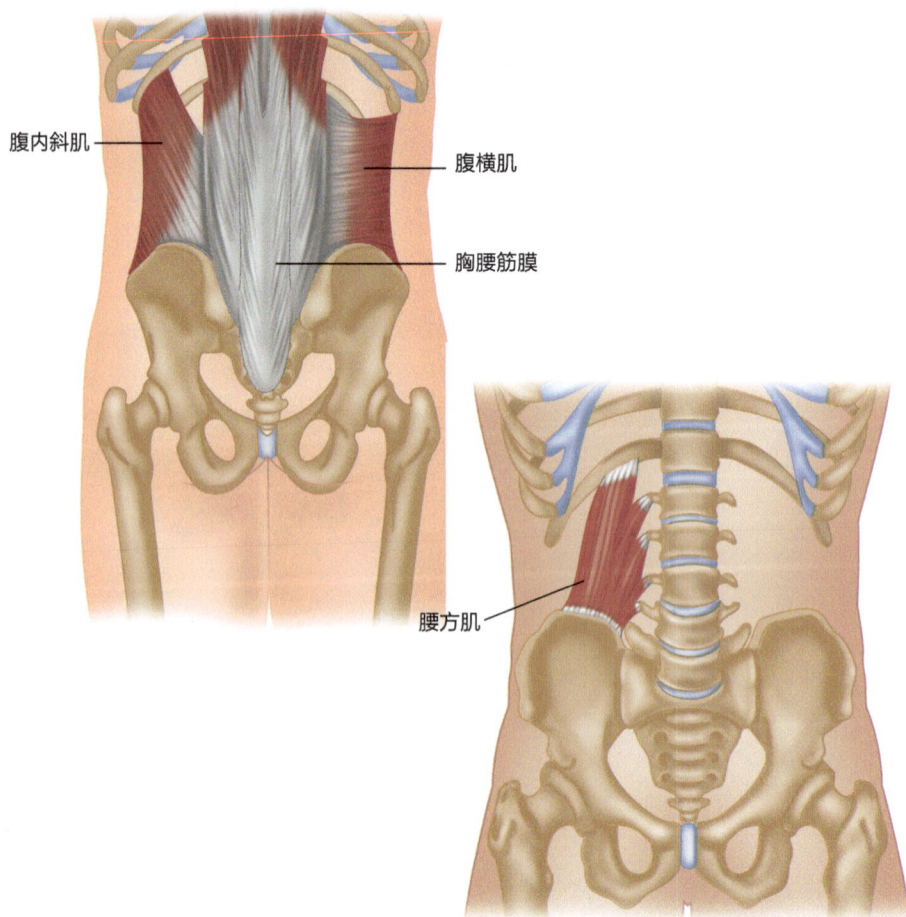

腹内斜肌

腹横肌

胸腰筋膜

腰方肌

图2.11 稳定肌——腰方肌和腹横肌

1. 无摇摆行走（级别I）： 行走时，很难避免髋部侧向摆动。保持骨盆处于中心位置，让两条腿自由行走，否则腰肌将会出现运动过量。随着身体左右两侧交替一前一后地移动，骨盆也将进行小幅度的转动。腿部前摆，骨盆转动。

2. 单腿平衡练习（级别II）： 可供大家选择的单腿平衡练习数量众多，请尝试下列练习：

a. 芭蕾把杆练习， 如巴塞（Passé，俗称大吸腿姿势）。

练习技巧： 单腿站立，另一条腿做巴塞姿势（屈膝、髋骨外旋、脚尖指向支撑腿膝关节的内侧）。保持髋部水平，大家可以在强化腿部和身体核心肌肉的同时保持身体平衡。要增加力量，可以手抓把杆或是手扶墙体，通过下蹲和上提（屈膝，接着用脚前掌跖骨球支撑上提）训练支撑腿。膝关节始终在脚尖的上方。

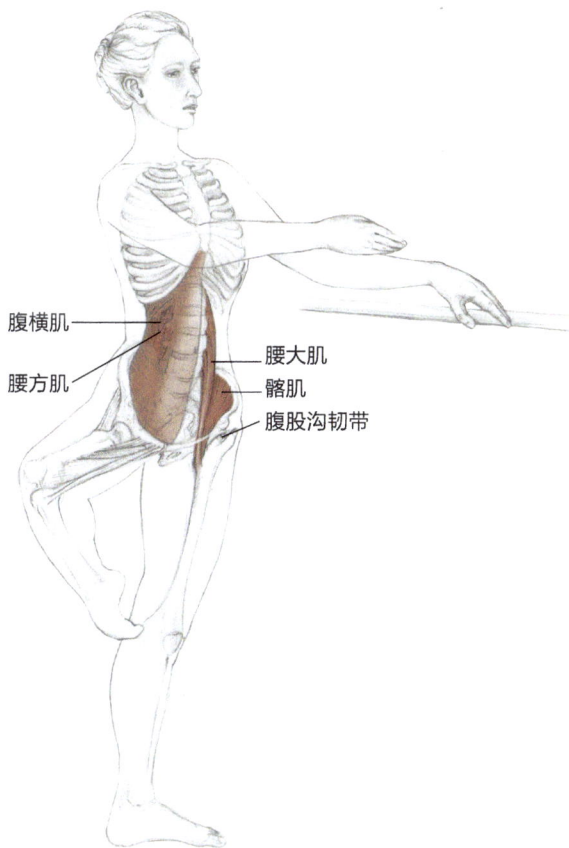

图2.12 芭蕾把杆练习——平衡、支撑和维持身体成直线的站姿

b. 瑜伽姿势，如树式。

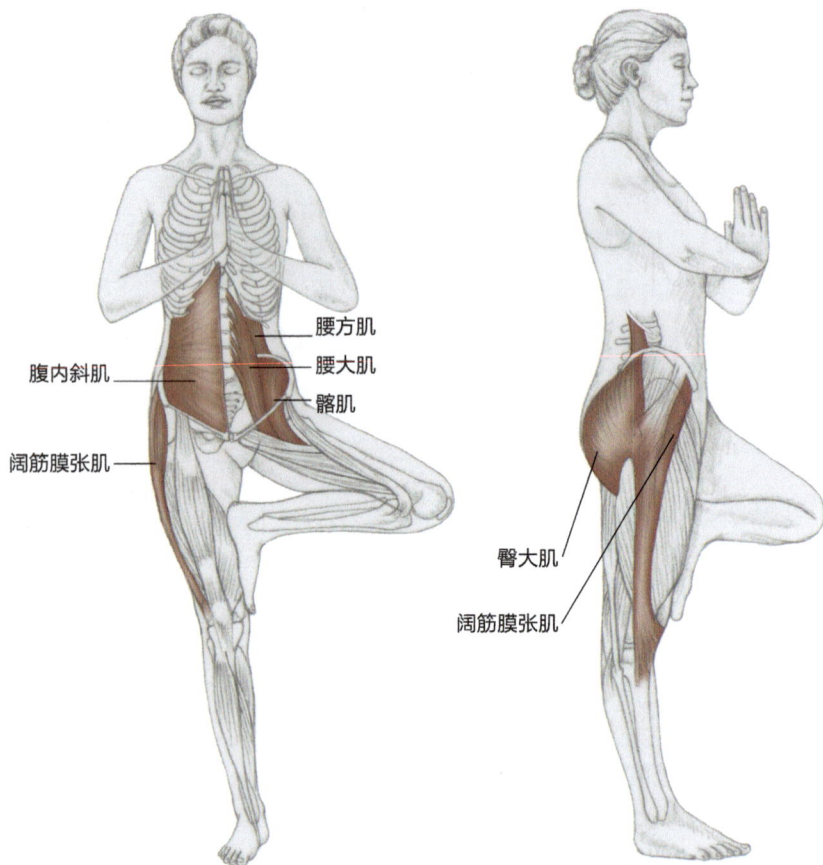

腰方肌

腹内斜肌

腰大肌

髂肌

阔筋膜张肌

臀大肌

阔筋膜张肌

图2.13　瑜伽树式

　　每一个单腿站立练习都要求将骨盆置于中心位置，同时不得使用抬起的腿上拉髋部。伸展脊柱，让尾骨下沉，同时上提腹肌，不得耸肩，放松胸腔，这种姿势能够纠正大部分身体不正位的问题。

　　对着镜子观察身体的动作，帮助纠正身体出现的任何不平衡。当离地的那条腿在进行发力和拉伸时，支撑腿也会同步发力。腰肌在身体的两侧发挥着不同的作用，从而保持骨盆的平衡。腰肌的这一特点为实现身体稳定、强化以及/或拉伸提供了必要机制。

刺激骨盆底：球体和凯格尔健肌法

骨盆底指的是靠近脊柱底部几个位置较低的深层肌肉组成的区域，那里有尿生殖膈、括约肌、球海绵体肌和会阴横肌等肌肉。这些肌肉在呼吸、分娩等过程中承担着重要的功能。同时，它们也是敏感神经末梢的中心，这一点类似于腰肌。这个部位在受到刺激和外力时，可以导致兴奋以及情绪的变化，同时也会影响膀胱和肾脏等器官。

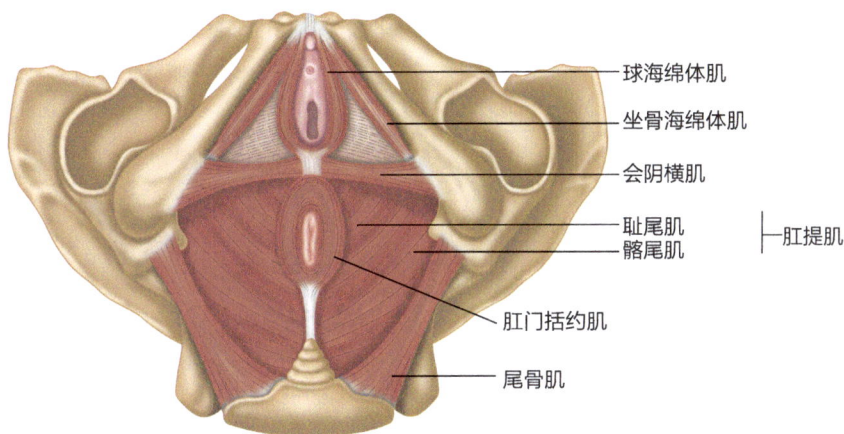

图2.14 盆底肌

要正确训练这个深层的中心部位，最佳方法之一就是进行下列练习。

1. 用球理疗（级别I）： 久坐之后，进行这项练习很不错！

a.仰卧，将练习小球（直径4～6英寸）置于骨盆之下，下臀部附近。屈膝，两脚平放在地面上。小球的压力让体内器官上移，缓解盆底肌的压力。接着，练习者可以提起单腿或双腿让这个部位处于中心位置并对其进行强化，这个姿势类似于瑜伽中的快乐婴儿式（参看本书的第三部分）。在快乐婴儿式中，仰卧，双膝弯曲并分开，大腿靠在横肋上，双手可以抓住双脚，与天花板平行。要训练下腹部和盆底肌的力量，可以尝试向正上方提髋离开球体，重复5～10次。

从站立姿势开始，每次抬起和放下一条腿，必要时两侧腰肌进行收缩和拉伸动作，让腰肌富有弹性且反应灵活。最后两腿伸直置于地面上，脊柱处于中立位置，张开前髋骨。

b. 为了实现身体核心部位的稳定，改变各球体的摆放位置。将一个球放于骶髂关节部位，臀部稍稍靠上的位置，将第二个球置于对侧腰部中间位置的竖脊肌上，与腰椎相距 1 英寸左右。通过将身体的重量平均分配至两个球上，开始平衡身体的核心部位。换至另一侧重复上述动作。进行这项练习时，可以屈膝将双脚平放于地面上。

> 体验了骨盆移动与稳定之间的差异，大家可以培养一种平衡身体的模式，该模式重点在于建立一种正确的机制来辅助腰肌。

2. 凯格尔训练法：以妇科医生阿诺德·凯格尔（Arnold Kegel）的名字命名，这套运动方法可以加强盆底肌。

练习技巧：练习时可以躺下，坐着或站立。简单来说，将坐骨相向挤压，保持挤压状态并呼吸。这个动作上提骨盆底并刺激整个骨盆部位，改善肌肉的健康。可以通过这项练习为孕妇分娩做准备，或是辅助治疗失禁等。该练习通过加强腰肌周围的肌肉为腰肌提供平衡和支撑。在相向挤压坐骨的同时，不要收缩臀大肌和腹肌等大块肌肉，需要启动小肌肉，包括控制尿液流动的肌肉来调动盆底肌。

"上提骨盆底"是提示用语，只要听者能够理解它的含义，就可以用于帮助身体核心部位。"收紧下腹"等提示效果明显，能够产生所需的身体向上移动，这有助于骨盆底、腹横肌、腰大肌和横膈膜之间进行均衡而独特的相互联系。

身体核心部位强化练习

几乎所有身体核心部位的强化练习都包括腰肌的练习。要记住最重要的是，腰肌很可能已经使用过度，所以必须重点发挥其他核心肌肉的作用。

1. 侧向弯曲练习（级别I）。

练习技巧：站立，双脚分开与肩同宽。保持身体直立，向左或向右弯曲。可以选用坐姿、跪姿或是站姿进行练习，它属于腹肌的力量和拉伸练习，举手过头，将增加练习的难度。

主要的运动肌：脊柱伸肌、腹肌。

核心内部的稳定肌：腰方肌、腰肌。

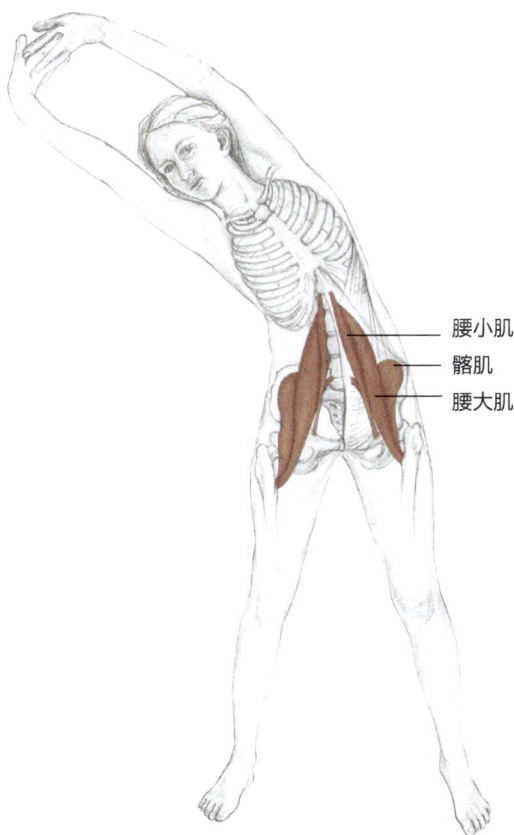

腰小肌
髂肌
腰大肌

图2.15　侧向弯曲练习

2. 不完全仰卧起坐练习（级别I-II）。

练习技巧：仰卧，屈膝，双脚着地。弯曲脊柱（弯曲时总是呼气），向上移动至一半的位置，吸气同时躺下，脊柱依次逐一着地。

主要的运动肌：腹直肌。

核心内部的稳定肌：腰肌、盆底肌。

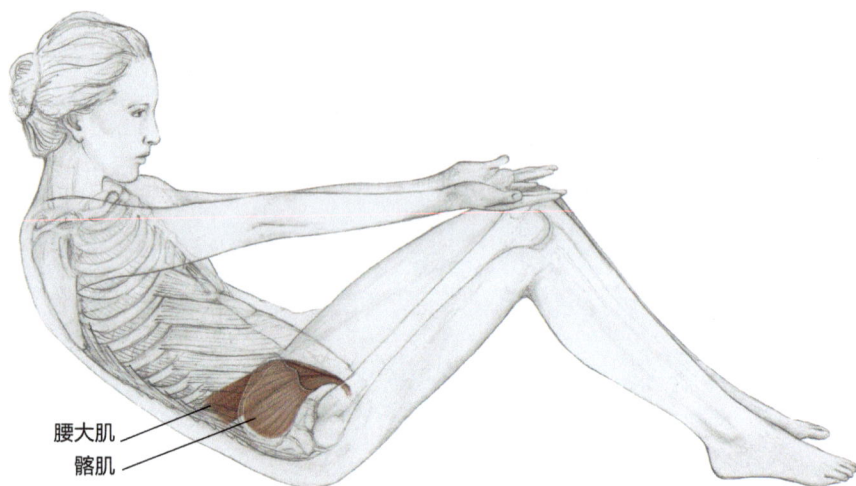

腰大肌

髂肌

图2.16　不完全仰卧起坐练习

3. 风车式练习（级别I）。

练习技巧： 站立，双臂伸向身体的两侧，右手触及左侧脚踝，直立身体，换至另一侧重复上述动作。这项练习完成腹外斜肌全部三种动作，既是力量练习也是拉伸练习。这项练习较为温和，因为身体对抗旋转的阻力极小，且微微屈膝避免膝关节过伸。

主要的运动肌：腹内斜肌、腹外斜肌、脊柱旋转肌/伸肌。

核心内部的稳定肌：腰方肌、腰肌、横突棘肌群。

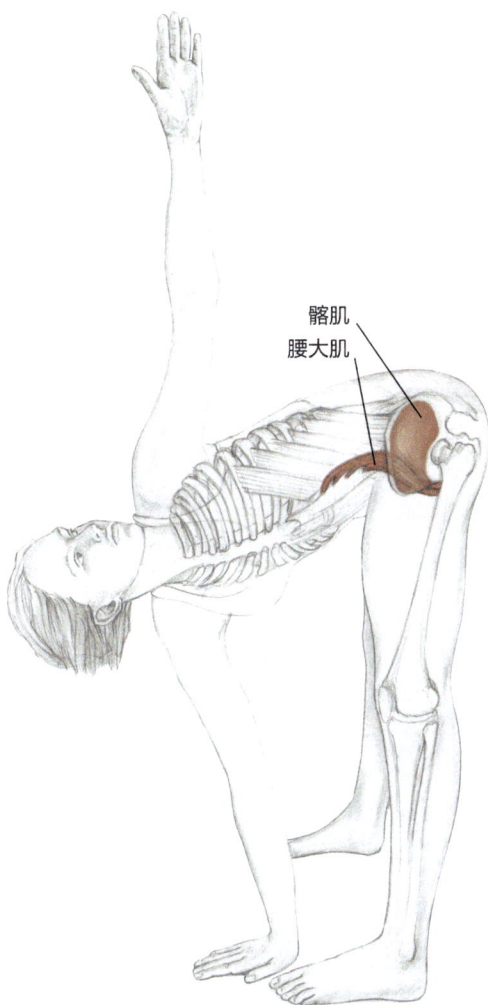

图2.17　风车式练习

4. 罗马椅旋转卷腹练习。

练习技巧：（该练习对腰椎的要求非常高，所以首先确保腹肌足够强壮。）身体斜着坐于长凳上，双脚支撑于地上稳定身体。卷曲身体，并缓慢地向后躺直至身体与地面平行，再直立身体。要练习腹斜肌，后躺时可以旋转脊柱，恢复直立过程中向对侧旋转。

　　主要的运动肌：腹直肌、屈髋肌群。

　　核心内部的稳定肌：腰肌、盆底肌。

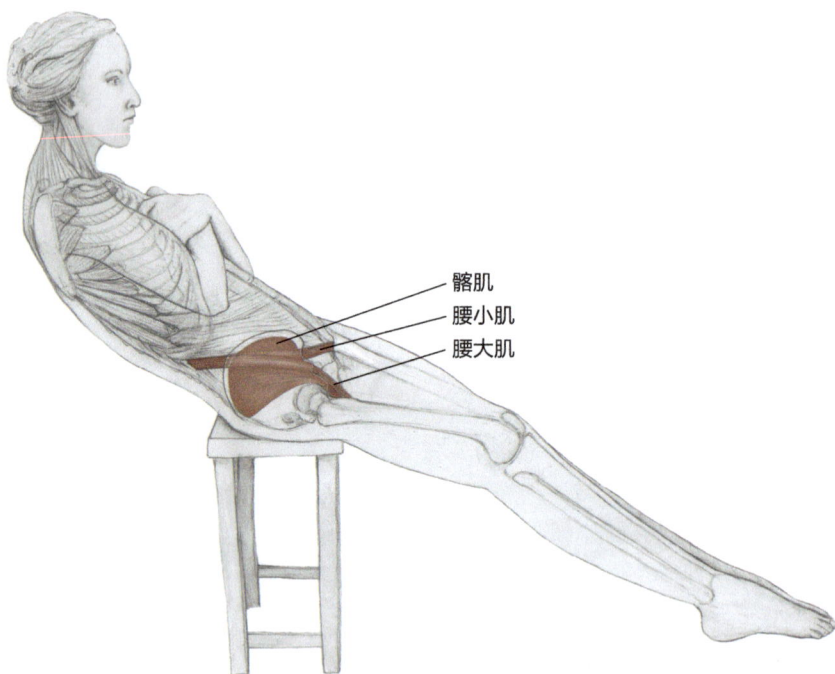

髂肌
腰小肌
腰大肌

图2.18　罗马椅旋转卷腹练习

5. 髋部滚动练习。

练习技巧：仰卧，双膝收于胸前，双臂向两侧伸展与身体垂直，掌心向下。双膝先转向身体一侧，接着再转向另一侧。

　　完成上述练习，重复至少5次。双膝向下运动时吸气，向上朝身体中心位置运动时呼气，同时使用身体核心部位的肌肉。如果出现腰痛，不要让双腿完全贴向地面。

主要的运动肌：腹斜肌。

核心内部的稳定肌：腹横肌、腰肌。

拉伸练习

因为腰肌与很多部位都有连接而且发挥着不同的作用，要弄清楚何时要拉伸哪个地方，让人比较困惑。最重要的一条原则是：如果坐着的时间很长，腰肌就处于缩短状态，因此，需要拉长腰肌，并抵消坐姿的屈髋。以下练习可以做到这一点。

1. 挺腹拉伸练习（级别Ⅰ）：这个练习必须让腹肌参与进来，以避免腰椎受伤。

练习技巧：俯卧，双手尽可能靠近双肩。髋部保持贴住地面，目视前方，伸直双臂抬起上半身。如果出现腰痛，不要完全伸直双臂，并保持下压双肩使其远离双耳。

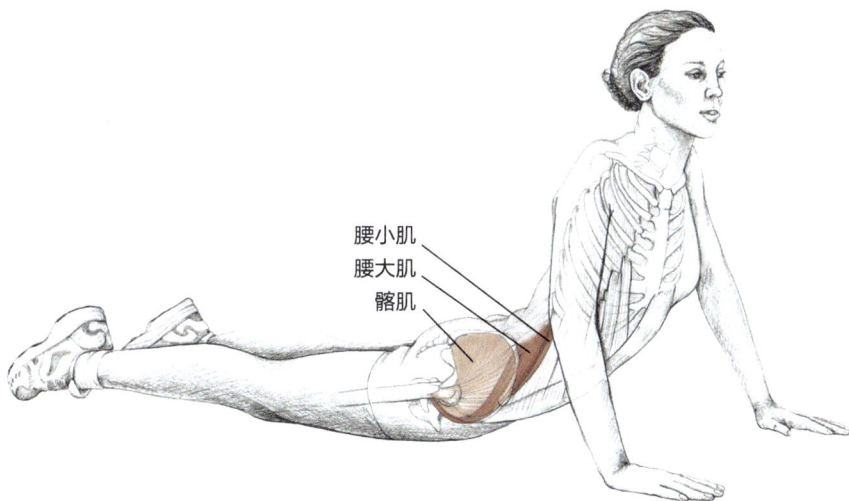

腰小肌
腰大肌
髂肌

图2.19 挺腹拉伸练习

2. 半桥式练习（级别I）。

练习技巧：仰卧，双膝弯曲，双脚着地，弯曲尾骨抬离地面，在保持身体舒服的前提下，尽量抬高髋部。身体的重量应该均匀地分布于两腿和肩胛骨上。

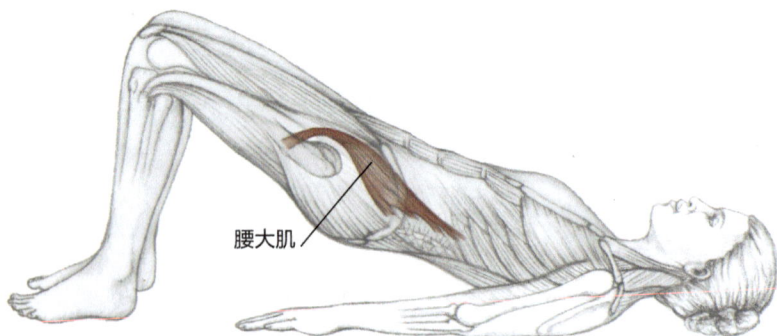

图2.20　半桥式练习

3. 提腰肌练习（级别I）。

练习技巧：仰卧，双膝弯曲，双脚着地，分开与肩同宽，双臂向外伸展进行支撑。右腿向一侧移动，同时双脚保持着地。左髋抬离地面，并保持拉伸状态。换至对侧重复上述动作。如果骶髂部位出现不适，在提髋时应保持支撑腿直立。

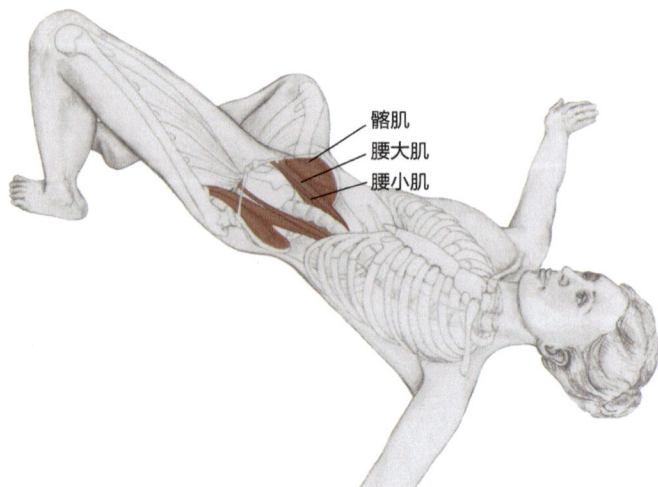

图2.21　提腰肌练习

4. 弓步练习（跑步式拉伸练习）（级别I/II）。

练习技巧： 首先站立，左腿在前，右腿在后。前膝弯曲，直至膝盖位于脚趾的正上方。将右腿向后方滑动，如果可能的话，一直滑动至与地面平行。保持双脚朝前，不要让前膝向前越过脚趾的垂直线。保持脊柱直立，双手可以放于地面上或是大腿的前侧。前腿中的屈髋肌群发力，后腿中的屈髋肌群被拉伸。保持这个姿势30秒左右，接着换至对侧重复上述动作。

变化练习： 向前顶髋，并将后腿的膝盖部位着地以增加对腰肌的拉伸。将脚跟抬离地面，增加后腿向后移动的距离，以此增加拉伸的强度。

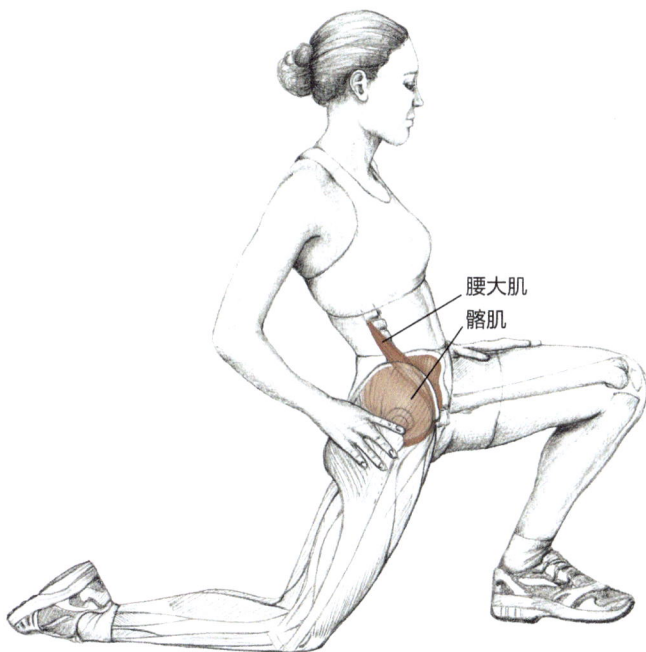

腰大肌
髂肌

图2.22　弓步变化练习（跑步式拉伸练习）

参看本书该部分的第4章中普拉提练习以及第三部分的瑜伽练习，这些练习也有助于加强或拉伸腰肌部位。

本章回顾：是真是假？

腰肌是肌肉。
真的——腰肌很可能是人体最初形成的骨骼肌之一。在谈到腰肌时，我们要记住，通常指的是髂腰肌群中的腰大肌。

腰肌导致腰痛。
真的——但是，可能有其他很多原因导致腰痛，通常腰肌不是造成腰痛的主要原因。

腰肌不是屈髋肌。
假的——对于腰肌作为屈髋肌是否是它的主要功能仍有争议。但是，腰肌作为髂腰肌群的一部分，再加上腰肌自身在人体中的路径，它在相关的身体运动中发挥辅助屈髋的作用。

腰肌是身体核心肌肉的一部分。
真的——它属于核心部位深层肌肉的一部分。腰肌连接腰椎的横突，从骨盆的前方穿过。

从体表摸不到腰肌。
假的——可以摸到，但是，要触碰到身体的其他结构，并激发其本能的（是战是逃）反应。

腰肌可以在所有三个平面上移动。
真的——腰肌可以在矢状面、额状面以及水平面上进行最小限度的收缩或拉伸，但总体来说它还是一个矢状面上运动的肌肉。

腰肌单独发挥作用。
假的——事实上腰肌极难单独发挥作用，因为腰肌的动作是和许多其他肌肉共同完成的。

腰肌可以被拉伸。
真的——将一侧大腿置于骨盆之后的所有动作都是对该侧腰肌下部进行拉伸。

腰肌的主要功能是运动肌而非稳定肌。
假的——腰肌在腰椎位置，以及连接股骨的路径中，主要充当稳定肌和人体姿势肌。

腰肌是唯一一块连接人体上下肢体的肌肉。真的！

第3章
下腰背疼痛的负担

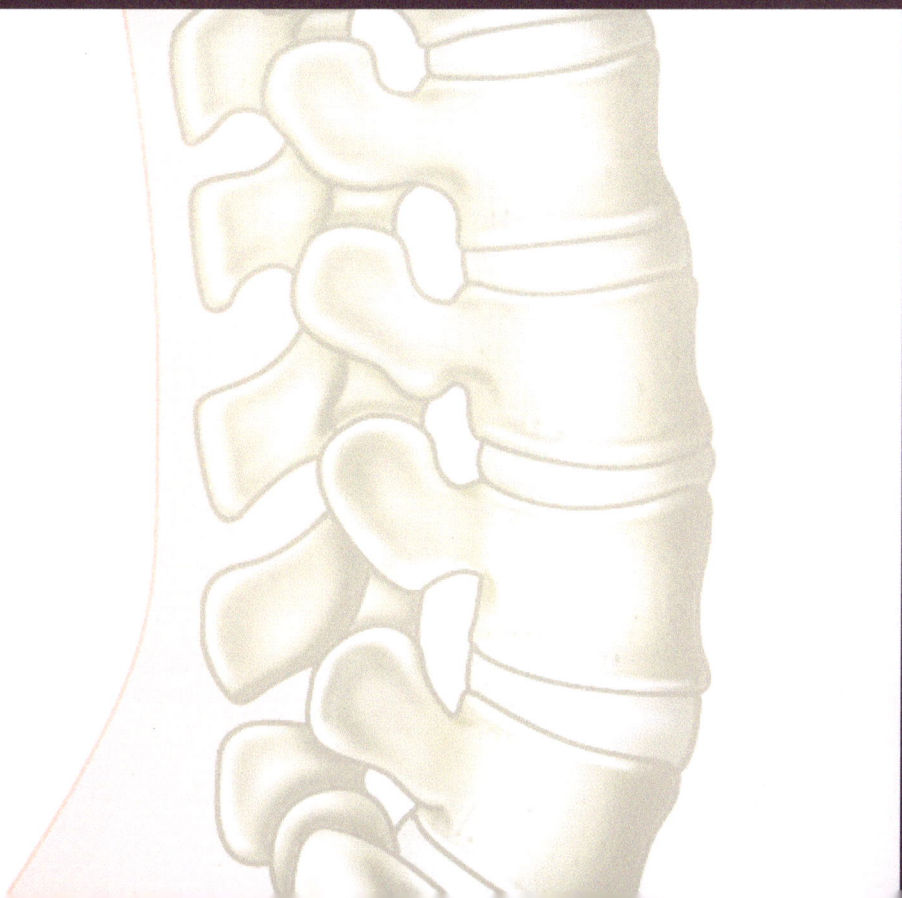

腰椎是一个复杂的系统，包括神经、肌肉、韧带以及其他的身体组织。它们共同组成了人体中过度使用情况最严重的部位之一。仅在美国，下腰背疼痛俨然已经被称为一种"疾病"，许许多多的人患有此病，造成无数的保险索赔、失业和残疾，每年的经济损失高达数十亿美元。腰痛分急性（短期）或是慢性渐进两种，症状表现为轻则酸痛，重则无法站立和行走。

腰椎部位的解剖

腰椎的功能与脊柱的其他部位类似：支撑、移动、连接、平衡以及保护。腰椎的不同之处在于它的位置和大小。腰椎支撑着上半身的重量。为此，腰椎外形上显得更大更厚，但是这也限制了腰部的移动。腰椎也是人体核心部位必不可少的一部分。

腰椎共有五个椎体，大致位于人体的中心部位。由于腰椎相较其他部位的脊柱更大更厚，所以它们的重量也更大。腰椎整体曲线前凸，即向体前弯曲，以此与后曲的胸椎呈平衡关系。椎间盘（椎骨之间的软骨）厚度约为椎体的三分之一，它可以使腰椎进行弯曲、伸直以及侧向弯曲；但是由于后方棘突垂直凸起，长度较短且粗大，再加上小平面（棘突连接面）的固定作用，腰椎的转动受限。

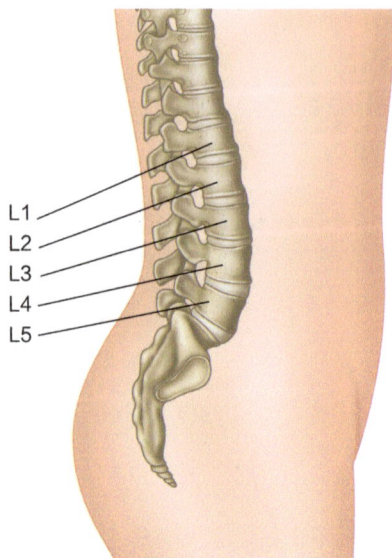

图3.1　腰椎

从前面的插图中我们可以看到，腰肌位于身体的中心位置，连接着腰椎横突。所以，腰肌是能够影响下腰背健康以及骨盆位置的主要肌肉之一。腰椎和骨盆二者相互依存：彼此必须处于平衡和对齐状态才能准确地发挥作用。腰椎和骨盆出现任何不协调之处，都会影响从颈椎到双脚之间的其他部位，甚至还会造成下巴的肌肉紧张。实际上腰肌影响人体的全身，但主要是下腰背部位。

每个人出现下腰背疼痛的原因可能难以确定。以下列出的是较为常见的疼痛原因：

- 人体姿势不佳；
- 肌肉力量较弱（腹肌、腰肌、竖脊肌）；
- 遗传性因素；
- 急性损伤；
- 椎间盘问题；
- 衰老；
- 体重过重；
- 神经紊乱。

虽然腰痛影响的对象不分年龄、地域和性别，但是受影响的主要人群的年龄段为30~60岁。为了解释腰痛问题为何如此普遍，科学家们做了大量的研究，结果表明日益缺乏运动的生活方式，加上间歇性的剧烈运动是造成腰痛的一个主要原因。

腰肌和盆底肌的练习可以缓解下腰背疼痛

这是一项针对下腰背部的10分钟初级常规练习（练习内容根据受伤情况可以进行调整）。所有练习都采用仰卧姿势，可以每天练习。

热身运动：仰卧，双膝弯曲，两脚着地。深呼吸，呼气时调动腹横肌（收紧腰腹），目的是稳定腰椎/骨盆。

1.骨盆倾斜：前后倾斜骨盆5次，动作要慢（参看第23页）。

2.拉伸：仰卧，将双膝拉向胸部坚持1分钟，同时深呼吸。*

3.拉伸：将一条腿的脚踝交叉置于另一条腿的膝关节之上，左右转动双腿5次，双臂向身体两侧伸展。交换双腿位置，重复上述练习。参看第31页的变化练习。

* 呼吸练习很重要——跟随合格教练进行单独学习将有助于大家掌握要领。同时教练还能提示大家纠正错误的姿势或做法。

4.脊柱接合：半桥式练习（参看第42页）。在滚动降低脊柱之前向内挤压坐骨（凯格尔训练法）以增加练习的难度。

5.脊柱稳定性和力量练习：该项练习使用腰肌和屈髋肌。仰卧，抬起一条腿（离地不超过12英寸）再放下，重复5次。保持脊柱和腹肌处于被拉长的状态，并保持骨盆稳定。换另一条腿重复上述练习。不得同时使用双腿进行练习，否则对下腰背部的压力过大。大家可以翻身，以卧姿完成同样的练习内容，确保使用身体核心部位的肌肉。

6.交叉腿拉伸练习：这项拉伸练习针对的是骶髂关节、梨状肌以及其他下腰背肌肉。仰卧，将一条腿的膝关节置于另一条腿膝盖之上（两条大腿叠放在一起）。缓慢滚动双腿向处于上方的那条腿的相反方向进行移动，坚持大约10秒后，接着再向其反方向滚动，坚持10秒。交换双腿并重复上述动作。

结束放松动作：建设性的休息姿势（参看第20页～第22页）。

造成腰痛的原因：各种不同的情况

情况1：周末运动员

大多数周末运动员都不愿意承认自己属于这类人。没有人愿意承认虽然自己曾经几乎每天练习，但现在对待锻炼不像过去那样认真了。

不论学生还是工作人员，无数的人坐着的时间越来越多，而运动的时间却越来越少。时间是一个重要因素。日常工作、养家糊口、上下班路上乘坐交通工具以及学习（等等不胜枚举）的压力，剥夺了我们本应该用来照顾自己健康的宝贵时间。

时间管理非常重要，缺乏时间管理的技能催生了一个新的行业。相关的课程和视频等应运而生，建议和指导本来很聪明但在时间管理上并不在行的人学习如何处理日常生活。我们让许多的事情影响了我们自身的健康。但我们不能长期忽视自己的身体健康状况，否则将会出现下腰背疼痛等伤病。

情况2：儿童

现在大多数的人都已经意识到，肥胖儿童的比例呈日益增长的趋势。在美国，大部分人都能够获取丰富的食物资源，不良的饮食习惯以及久坐不动都会对儿童的健康产生不良的影响。

2009年，米歇尔·奥巴马（Michele Obama）启动了名为"大家运动起来"的项目，选择解决下腰背痛问题作为她在白宫期间的主要工作重点。联合父母、儿童、教师、领导者以及医疗专业人士，希望通过社区的共同努力以及全国的关注，控制这一问题的蔓延。这个过程中需要加入身体运动，身体肥胖也是造成下腰背痛的原因之一。

情况3：运动过量者

从运动的角度来说，这类人与前面两类人正好相反。就本书而言，运动过量者可以定义为身体运动的"狂热分子"——过量训练的人。这类人属于A型性格，他们不知道什么时候需要停下来，每天训练长达数小时。身体疲倦时他们仍然继续训练，这影响关节和肌肉的生理状态。这些关节和肌肉可能已经超负荷至极限，却没有摄入所需足够的营养，以保持它们发挥正常的功能。

因此，才会出现以下这段故事。

腰肌故事：六块腹肌之谜的案例

> 加里·马斯拉克医生，D.C., P.T., C.S.C.S.*
>
> W医生，男，28岁，因下腰背疼痛经人介绍来到我的诊室。研究表明，10个人中就有8.5个人在生命中的某个点将会经历腰痛，迫使他们改变自己的日常功能。
>
> 对于临床医生来说，工作中的难点往往在于诊断病人症状的病因。这很像侦探工作：我认真观察他们走进诊室时的步态、他们在与我交谈时的坐姿、他们朝各个不同方向移动躯干的方式，特别是他们的蹲姿，从中寻找蛛丝马迹。诊断关键内容众多，髋关节的灵活性、下肢肌肉组织的柔韧性以及核心肌肉的力量只是其中几个。

---

*　加里医生在新泽西州斯巴达市一家名为"综合健康专家"的多学科康复中心担任临床主任医师，他同时也是该中心的所有人之一。他持有脊柱按摩疗法的行医执照，是物理治疗师，同时也是认证体能训练专家（CSCS），并拥有美国矫形外科董事资格文凭。他从医已超过23年，诊治过各种骨伤和运动伤痛，病人从专业运动员到青少年运动员无所不包。他还就康复技巧在全国范围内开展巡回讲座，同时还为《跑者世界》（*Runner's World*）和《体育画报》（*Sports Illustrated*）等专业期刊、杂志供稿。

　　临床检查中最重要的一项内容就是彻底了解病人的病史。W医生在我诊断过程中显得有点焦躁不安，我当时判断他的这种反应不仅仅源于疼痛。当我客气地问他是否感到非常不舒服时，他说他更多的是感到焦虑，因为他已经有两个多星期不能正常做事了。他的身体看起来很健康，所以我问他，他最近不能做的事情中是否包括锻炼。因为，锻炼会产生一种天然的化学物质，它给人带来一种"良好感觉"。定期锻炼的人由于这样或那样的原因而必须停止锻炼，无法获得这种"良好感觉"，会导致他们变得有点怪怪的。

　　同时，我已感觉到W医生可能属于A型性格的人。因此，我认为必须弄清楚他练习的内容，因为错误的锻炼方式或是某种特定训练运动过量往往可能导致出现肌肉发育不平衡，进而出现病症。当W医生说出每天完成1000次仰卧起坐（2组，每组500次），我知道我们已经发现了造成他腰痛的一个关键因素。检查最终表明病因为腰椎小关节综合征，这种情况是由于下腰背关节受到压迫和刺激所致。他下腰背处自然的凹陷弧度（脊柱前凸症）过大。诊断表明他身体两侧屈髋肌出现明显的紧张，而且触摸身体两侧腰肌时感到剧烈疼痛。此外，检查结果表明下腹肌和臀大肌乏力。对于一个每天运动近2小时、每周5次的人来说，不应该出现上述情况。他与我讲述了他之前做的练习。当我让他描述一下他每天进行1000次仰卧起坐的练习方法时，他说是一种基础卷腹动作。

　　W医生所做的练习与均衡的常规练习相去甚远，而且完全不是缓解他目前肌肉不平衡问题所需的针对性做法，实际上造成他身体的重复性损伤。他所做的卷腹练习，也是大家常做的练习，利用的主要是屈髋肌来完成运动，以此来弥补腹肌的力量不足。虽然，在正确的指导下，动作到位，并且知道如何正确利用身体核心肌肉组织（包括盆底肌和下腹肌-腹横肌）的情况下是可以进行卷腹练习的，但是我更愿意通过不同种类的练习来训练腹壁，这些练习可以让我们合理地利用上述稳定肌，避免屈髋肌和腰肌运动过量以及进行代偿运动。

　　反向卷腹优于标准的卷腹练习，因为练习者可以将双膝最大限度地收至胸口，从而让腰肌能够帮助屈曲髋部，同时又不会过分辅助腹部肌肉完成脊柱部位的动作（收双膝于胸部，以及上抬腰椎离开地面的动作）。显然，在掌握技术要领前，还必须接受正确的指导。

W医生通过软组织训练完成屈髋肌的放松，同时我还指导他在全部三个移动平面上进行正确的腰肌拉伸练习。此外，还为他制定了训练方案，并向他教授了练习方法，用于加强臀肌、下腹肌以及其他核心肌肉。

三到四周后，这些训练减轻了W医生背部脊柱过度弯曲的问题，同时也缓解了他的腰背痛。W医生本人也是一名内科医生，之前曾尝试自我治疗长达一个多月，但病情却没有实质性的好转。他好奇地询问，我是如何能够这么快诊断出导致他症状的病因的。我告诉他，经过梳理有关他病情的各种蛛丝马迹，尤其是认真了解他的病史，从而最终可以非常轻松地推断出是练习卷腹的方法有问题。（不要误解，W医生与福尔摩斯中的华生可不同姓。）

的确，导致腰痛的情况还有很多，但上述三种情况却比较普遍。有关缓解下腰背疼痛的练习和姿势贯穿整书。本书附录也将为大家提供很大的帮助。

接下来这一章将介绍更为具体的普拉提健身训练计划，以及它是如何锻炼腰肌和下腰背的（如果方法不当会导致运动过度）。

不论进行任何训练计划，都要铭记这样一条最重要的原则：

肌肉平衡是拥有健康身体的关键。

本章回顾：是真是假？

下腰背疼痛是一种疾病。
真的——它是一种具体的失调状况，可能导致出现某种需要治疗的情况，影响许多人的身体健康，因此它是一种疾病。

腰椎指的是下腰背。
真的——腰椎共有五个椎体，作为一个单独部位，它向前弯曲，组成下腰背的纵向主体。

腰椎通常是比较小的。
假的——虽然腰椎只有五个椎体，但腰椎的椎体与脊柱中其他椎体相比，体积是最大的，重量也是最大的。

腰椎可以在所有三个平面上移动。
真的——脊柱中所有可以移动的部分都是如此，但是每个部位都受到一定限制。由于横突和小平面的特征，腰椎的转动幅度非常小。

腰椎部位关节转动应该用力。
假的——由于骨骼的结构决定了下腰背只能进行幅度极小的旋转，所有超出正常范围的强力移动都可能造成损伤。（瑜伽教练和学员：警惕该部位的脊柱扭伤！）

脊柱前凸是一种疾病。
假的——脊柱前凸一词用于说明脊柱向前弯曲，对于腰椎和颈椎部位来说，这属于正常的弯曲姿势。如果向前弯曲的曲度过大，确会带来问题，但该词本身所指的是一种正常的姿势。

腰大肌与腰椎相连。
真的——腰肌近端的肌腱与腰椎上所有五个椎体相连。

腰肌是一块腹肌。
假的——它与腰方肌共同组成后腹壁，但是它却不属于四块主要的腹肌之一。

腰肌是影响下腰背的主要肌肉之一。
真的——由于腰肌位于下腰背部且与其相连，因此出现下腰背疼痛时必须要关注腰肌。

坐着可能导致下腰背问题。
真的——参见附录。

第4章
腰肌与普拉提

我们要用一整章的篇幅来介绍普拉提，因为普拉提已经成为一种很流行且成功的健身训练项目。如果教学方法正确，有资质的普拉提教练能够有效地指导个人或是一个班的学员完成健身训练。训练中他会关注伤病预防，正确的身体姿势，并进行针对性的肌肉训练。腰肌广泛参与，有时也会出现参与过度的情况。教练必须恰当地提示学员，解释脊柱的自然生理曲度，不能压迫下腰背使之变得平直。使用"肚脐至脊柱"只是为学员提供一个直观的认识，帮助大家利用腹肌和腰肌，使其落向脊柱，接着再进行拉伸，压缩不是其目的。**如果大家迫使核心肌肉进入身体的深处，就没有办法进行自由的移动。大家需要练习才能体会运动要具备什么样的特点才能流畅不受限。这是一个终生学习的过程。**

为何要学习普拉提？

普拉提练习建立在一些概念的基础之上，包括身体各部位协调一致（人体的基本姿态和练习过程中都该如此）、肌肉平衡或是缺乏肌肉平衡、力量和柔韧性。腰肌可能影响上述所有内容，具体取决于所进行的运动。本节将重点介绍在"经典"的普拉提垫上各项练习中腰肌所发挥的力学作用。

几乎所有普拉提练习都包括髋部和脊柱的屈曲和伸展运动。腰肌可能参与这些运动，虽然单靠腰肌不行，但是腰肌却发挥了必不可少的作用。虽然腰肌在腰椎连接处的功能仍有争议，但腰肌确与腰椎相连。而且腰肌也与髂腰肌群相连，所以腰肌属于屈髋肌。但是，腰肌参与普拉提运动的主要原因是它将上肢和下肢联系在一起。它也因此和腹肌、腰方肌及其他的脊柱伸肌一样成了重要的核心肌肉。但是，腰肌却是唯一一块连接腿部的肌肉。要完成所有练习，这些肌肉必须相互协助完成各自的职责，实现人体运动和呈现相关姿势。如果腰肌必须单独承担稳定身体的任务，那么它将得不到充分的放松，从而无法发挥其他功能。当骨盆处于稳定状态，腰肌就能履行分内的职责。

普拉提是一种出色的健身训练项目，且缺点极少：从生物力学的角度来说，训练中涉及大量的屈髋动作，而拉伸的动作却没有大多数人想得那么多。但是每个练习中都有拉伸的动作，可以算作弥补上述不足。练习过程中，也存在核心肌肉训练过度的可能性。训练过度的肌肉倾向于处于紧张的状态，同时核心肌肉也需要呼吸。

要完成每项练习，必须提示学员进行正确的呼吸，同时还要让他们了解一些基本的原理，包括肌肉控制、稳定中心、均衡流动、感知肌肉运动以及在身体放松的状态下运动。如果练习者正确练习普拉提，动作准确且持之以恒，肌肉的耐力和力量将得到优化。我们需要寻找的普拉提教练应该理解这种训练方法，对人体有深刻的了解，不会迫使我们的身体出现伤病。

经典的初级普拉提垫上常规练习：在身体放松的状态下运动

以下练习按照教学内容的先后顺序进行排序，其中说明腰肌练习内容。请大家记住，大多数的普拉提地面练习（一百次练习法除外），都需要重复5次或6次，重点在于动作要慢，控制要好。

1. 一百次练习法： 作为髋部屈肌、腰椎屈肌以及腰椎伸肌，腰肌受力最小，因而它是参与此项练习的肌肉之一。当双腿伸直，与地面成90度角，且骨盆固定不动时，腰肌帮助脊柱维持稳定。在双腿与地面的夹角降至45度角的过程中，腰肌作为次要肌肉协助髂肌完成这个动作。在练习过程中，腰肌还与腹肌一起完成腰椎上部的弯曲动作，同时在双臂击打一百次的过程中维持身体在弯曲状态下的稳定。注意不要弯曲下腰背部，因为脊柱应该处于中立位。

一百次练习，可从级别I开始练起，即双腿屈膝，然后增加难度，进入级别II练习，练习方法上面已经介绍过了（双腿与地面呈45度角）。

练习技巧： 仰卧，接着弯曲脊柱，双脚着地或离地均可，双腿屈膝（双腿伸直、放下，二选一或同时进行，属于更高难度的练习），保持这个姿势。"一百次"指的是双臂上下移动的次数（双臂伸直收于身体的两侧），这种姿势也有利于加强颈前肌。

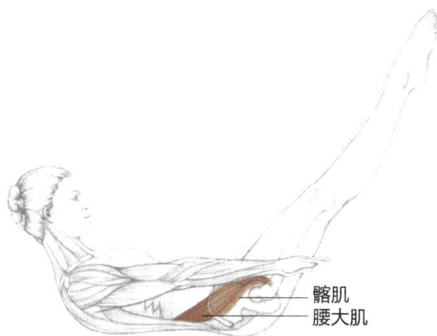

髂肌
腰大肌

图4.1　普拉提一百次练习，级别II

2. 上卷练习： 上卷练习对于锻炼腰肌也很不错，它让腰肌在练习的下半段收缩得更厉害。在下半段练习中，由于身体上提，更多地进行髋部和脊柱弯曲，腹肌克服重力的工作开始减轻。腰肌随着身体的移动进行相应的运动，这个过程中有那么片刻，腰肌得以放松地靠在脊柱上。

上卷练习的教学通常放在普拉提基础班开班之初。但是，作者根据多年的普拉提教学经验认为双臂伸向体前的直腿上卷练习实际上对很多人来说是一项中级水平的运动。首先，双腿屈膝，双脚脚跟着地，双手触地，让身体的两侧（还有两侧腰肌！）在上卷时能够均衡用力，从而辅助支撑下腰背并增加肌肉的感知程度。向下回卷也同样重要。

如果感觉这个动作过于简单并且背部反应良好，那么可以伸直双腿进行常规的上卷练习。

下图展示的是级别II练习。要进行这项练习，前提必须是腹肌、腰肌以及其他相关的肌肉足够强健。

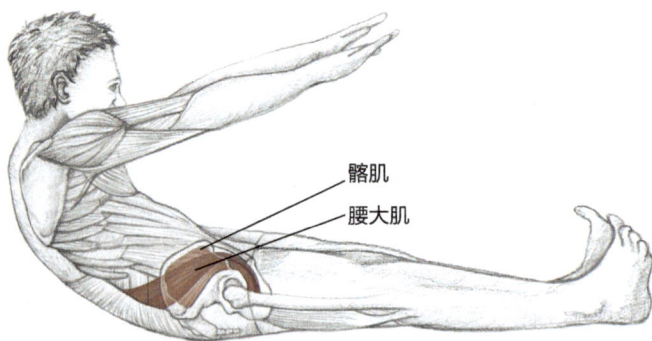

髂肌

腰大肌

图4.2　上卷练习，级别II。双臂向前伸展时，向后下压双肩

由于腰肌负责的内容很多，所以实际上腰肌可能运动过量并且劳累过度。大家要记住一个最为重要的理念，那就是腰肌要正确履行它的各项职责，而不仅限于提供力量和实现收紧。

3. 单腿划圈练习： 从腰肌的角度来说，这是一项有趣的练习。在脊柱伸肌、腹肌以及地面的共同作用下实现了脊柱的稳定。腰肌在腰部发挥辅助作用。上腿，与地面成90度角，开始横向、向下、向外再向上进行划圈运动，完成髋内收、伸展、外展和屈曲等一系列动作（相当于环形运动），同时还可以增加旋转动作。腰大肌作为髂腰肌群的一员，它在髋关节部位充当运动肌的功能最小，它发挥稳定脊柱的作用。

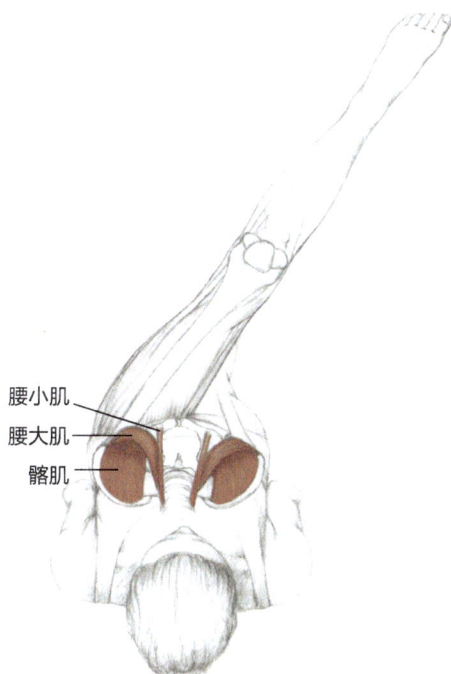

腰小肌
腰大肌
髂肌

图4.3　单腿划圈练习

4. 球式滚动练习： 练习中使用髋部和脊柱充分弯曲的姿势，重点在于身体在垫子上滚动过程中，通过脊柱的下部向中部运动时要控制好身体的姿势。虽然做起来挺有趣，但是如果出现不舒服的情况要注意，因为有些脊柱过于突出或是曾经受过伤不能被滚压。腰肌作为稳定肌，在平衡紧挨着坐骨的后方时这一功能尤为明显。在向上滚动至身体平衡姿势的过程中，腰肌作为稳定肌的工作将会增加。

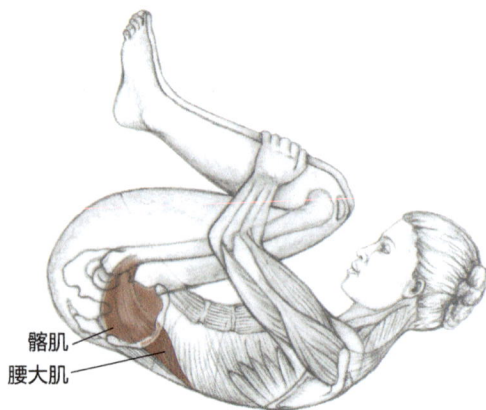

髂肌
腰大肌

图4.4　球式滚动练习

接下来的五项练习被称为腹肌练习系列。每项练习重复5～8次，动作过程中要平稳流畅。

5. 单腿拉伸练习： 腰肌将充当力量较弱的髋部屈肌以及部分的脊柱屈肌，但是腰肌主要是在因两腿交替受到刺激时发挥作用。这是一项级别I的练习，重点在身体的核心部位，髋部练习处于次要地位。

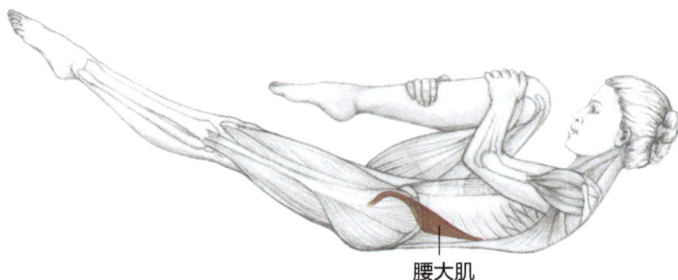

腰大肌

图4.5　单腿拉伸练习

6. 双腿拉伸练习：这项练习与单腿拉伸相比难度更大，要求双腿同时向外伸展远离身体，且不用双臂支撑。这套高级的杠杆系统迫使腰肌努力发挥连接肌肉的作用，同时迫使腹肌稳定身体。如果腹肌和腰肌较弱，那么很难完成这项练习。

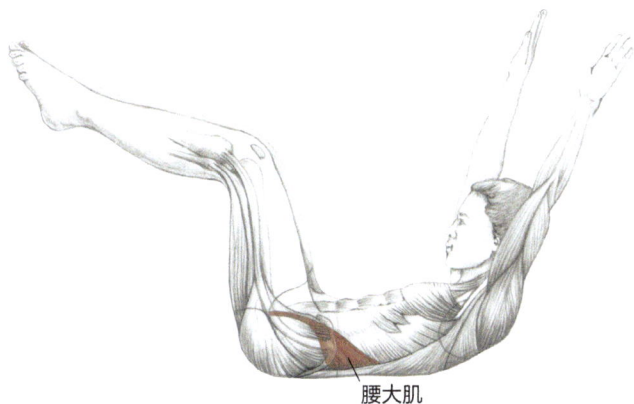

腰大肌

图4.6　双腿拉伸练习

7. 剪刀式练习：这项练习有助于腘绳肌进行拉伸。腰肌也在两腿交替运动时参与髋部弯曲和稳定脊柱，但是参与的程度较低。练习中要求双臂不再抱腿，而是松开向前伸展，这将增加练习的难度。

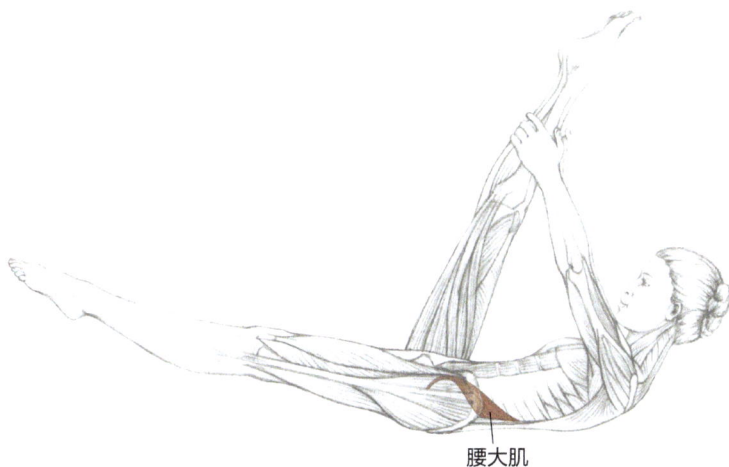

腰大肌

图4.7　剪刀式练习

8. 双腿升降练习： 名称已经说明了练习的内容。将双腿从90度的位置放下，在这个过程中，腰肌负责腰椎的稳定，再向上抬腿，整个髂腰肌群以及髋部屈肌都进行收缩。支撑双腿的重量并非易事。为了缓解下腰背压力，可以微屈双膝作为级别I来练习。也可以将双手置于骶骨部位的下方缓冲该部位承受的压力，试图保持脊柱处于中立位，可以将头和双臂抬离地面以增加阻力。

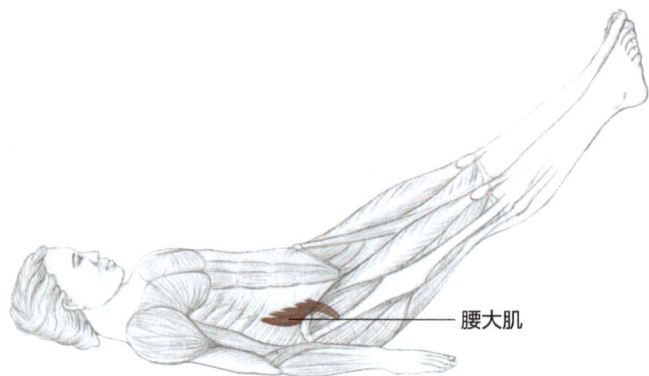

图4.8　双腿升降练习

9. 十字交叉练习： 这又是一个锻炼腰肌的练习，但是重点更多地还是练习腹斜肌。腰肌充当腰椎的稳定肌，同时也是屈髋肌，但后者作用很小。当练习者左右两侧交叉切换动作的时候，腰肌将作为身体核心深肌发挥作用。双手不要对颈部施加拉力，而是轻轻地触碰颈部的后侧，双肘向外张开而不是向内。

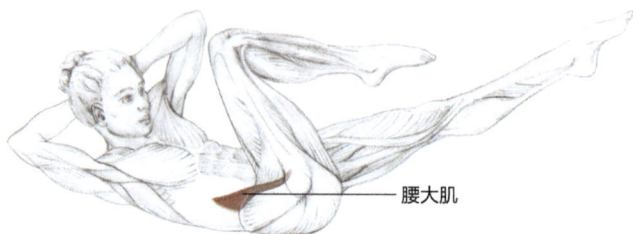

图4.9　十字交叉练习

10. 脊柱拉伸练习： 这项练习涉及髋部和脊柱的弯曲，从而尽可能激活腰肌，但是在练习的下半段腰椎恢复垂直姿势的过程中，腰椎抵抗重力进行伸展运动。腰肌将主要与脊柱横突肌群一起支持脊柱从弯曲状态向上恢复直立的伸展动作。背靠墙体坐下练习有助练习者感知运动；脊柱在伸展的过程中保持肩部下收。

图4.10 脊柱拉伸练习

大家注意到，截至目前腰肌部位的拉伸动作不太多，而经典的普拉提垫上练习教学内容几乎已学习过半。作者现在要为大家讲解以下拉伸动作。

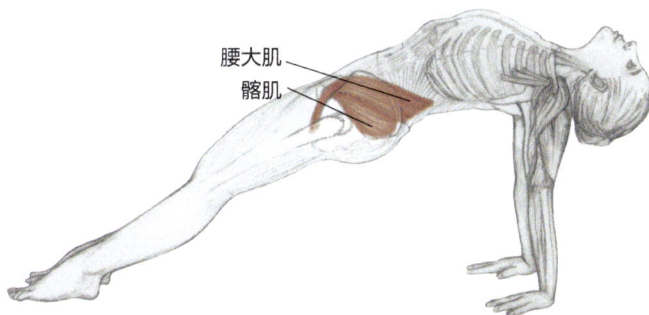

图4.11 反板式（面朝上平板式）

11. 螺旋式旋转练习：腰肌在整个练习中发挥主要作用，在一些姿势中充当稳定肌，在其他姿势中充当运动肌。对大部分人来说这都是一项困难的练习，它要求保持头部、颈椎和骨盆着地稳定不动，同时双腿并拢旋转。可能的情况下，髋部在结束一圈旋转时上提，不仅让腰肌还让骨盆深肌运动起来。凯格尔训练法（参看第2章），即左右两块坐骨进行相向"挤压"。如果运动结束时上提髋部，此时可以完成坐骨挤压动作。

双腿与地面角度建议不要低于45度，同时将双手置于骶骨之下有助于保护下腰背。

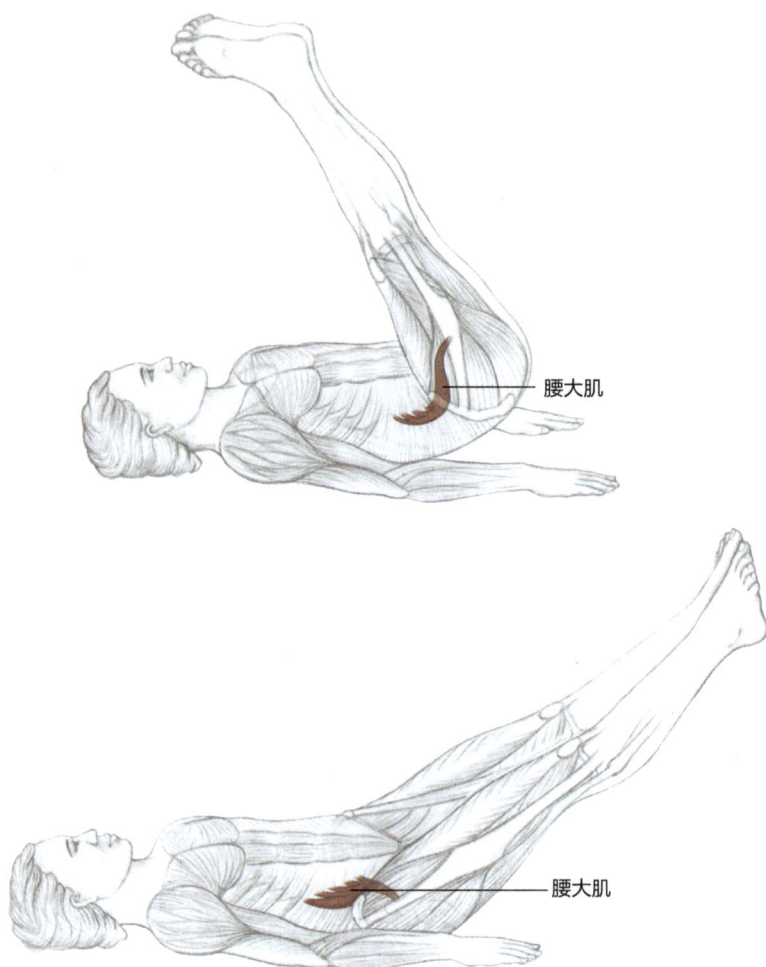

图4.12　螺旋式旋转练习

12. 锯式练习： 这项练习类似于脊柱拉伸并伴有脊柱旋转，要求腰肌充当腰椎的稳定肌和对抗重力的伸肌。这是普拉提体系中针对性最强的一项练习，全部的注意力都必须放在身体的协调、体位及运动全过程中对核心部位的控制上，而不应在是否触碰到脚趾上。

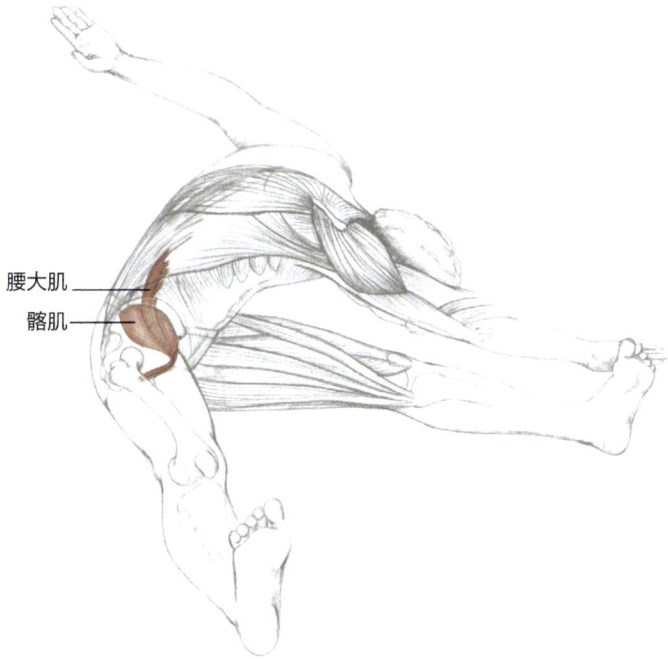

腰大肌

髂肌

图4.13　锯式练习

13. 天鹅预备式练习： 终于轮到腰肌拉伸练习了！这项练习的上半部分要求抬起上肢，下肢保持贴地姿势。这种姿势拉长腰肌远端所在的髋部前方，腰肌也有助于稳定腰椎。

　　练习的下半部分要求抬起下肢，同时上肢保持着地状态。这种姿势在髋部的前方拉伸腰肌，腰肌也对腰椎起到支撑作用。

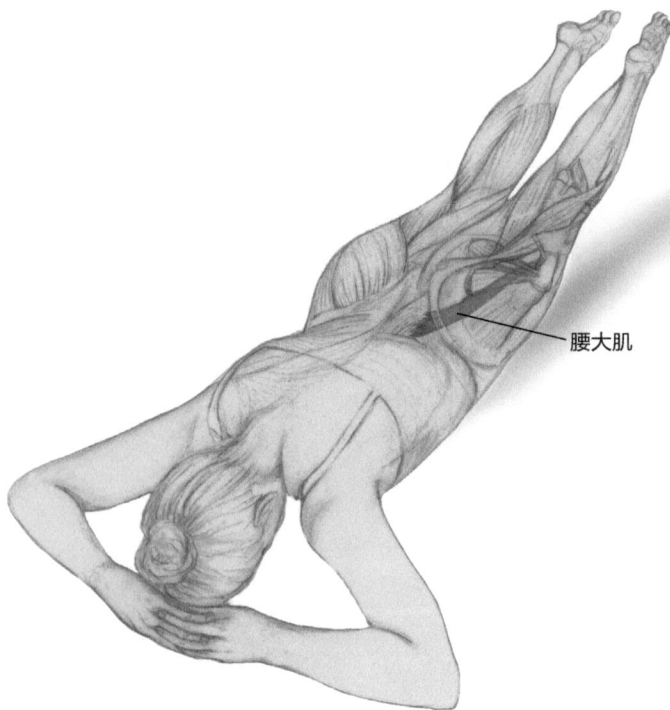

腰大肌

图4.14　天鹅预备式练习

14. 单腿踢打练习：练习者俯卧，双肘支撑身体，双膝交替弯曲，腰肌在髋部前方位置微微拉伸。核心肌群，尤其是腹肌和腰肌上部，在使用的情况下支撑腰椎。

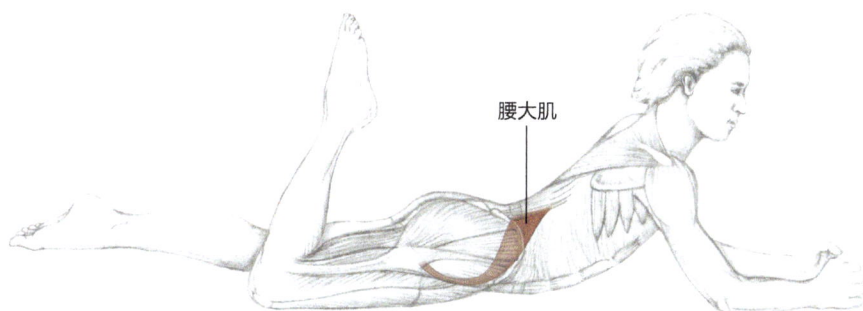

腰大肌

图4.15　单腿踢打练习

15. 婴儿姿势练习：它是普拉提初级垫上教学内容中为数不多的休息姿势之一。它通过拉长腰肌上部等肌肉来拉伸腰椎，这是一种放松的姿势。

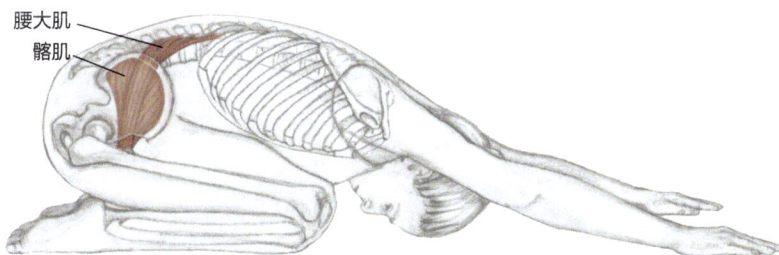

腰大肌
髂肌

图4.16　婴儿姿势练习

在以下练习中，腰大肌帮助维持核心部位的稳定。所有侧卧练习的手臂姿势是：级别I，头枕于下方伸展的手臂上，位于上方的手置于胸前；级别II，抬起躯干，用头部下方向前伸展的前臂弯曲进行支撑，如图4.17所示；级别III，如图4.18所示。每项练习，腿部动作通常以慢速重复5次。

16. 侧抬腿练习： 该练习的重点在于髋关节的内收和外展等运动。在髋关节处，腰肌不发挥作用。如果腿部自身向外旋转，如图4.17所示的那样，腰肌可能运动，但参与程度较小。增加腿部画圈动作可以增加练习的难度和强度。

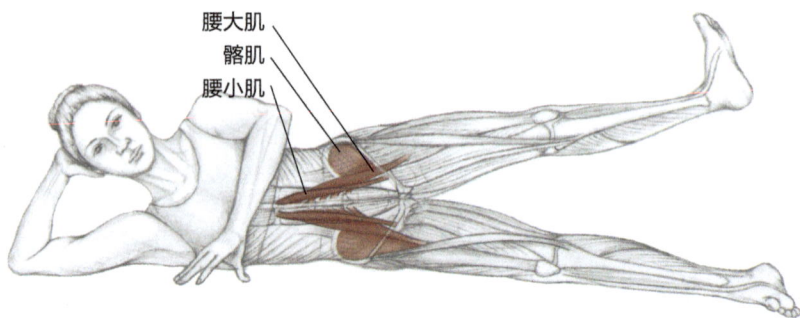

腰大肌
髂肌
腰小肌

图4.17 侧抬腿练习

17. 侧踢腿练习： 该练习对于锻炼腰肌非常好，因为它要求腰肌努力维持躯干平衡，同时还要辅助充当屈髋肌。练习者侧躺，上腿前踢两次（髋部弯曲），然后向后方拉长，伸展髋部，最后这个动作能够牵拉腰肌。

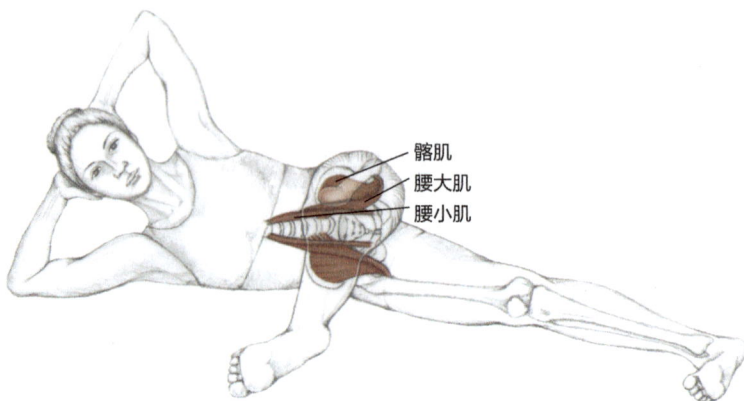

髂肌
腰大肌
腰小肌

图4.18 侧踢腿练习

18. 抬下腿练习： 该练习重点在于克服重力将下腿上抬，加强髋内收肌群。在脊柱伸展的过程中，腰肌主要充当稳定肌。

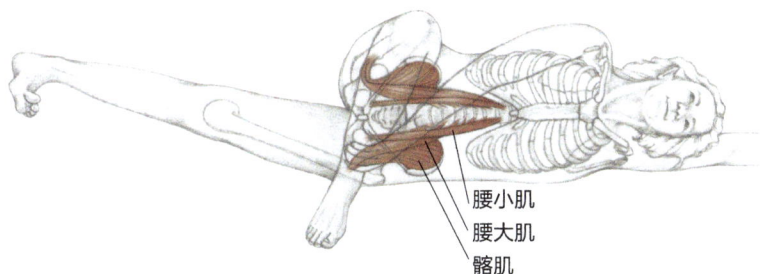

腰小肌
腰大肌
髂肌

图4.19 抬下腿练习

拉伸练习：现在可以学习两种拉伸练习，分别是半桥拉伸（针对前屈髋肌，如髂腰肌）和腿部交叉拉伸（训练髋外旋肌群、臀肌、髂胫束和腰椎伸肌），参看第68页。

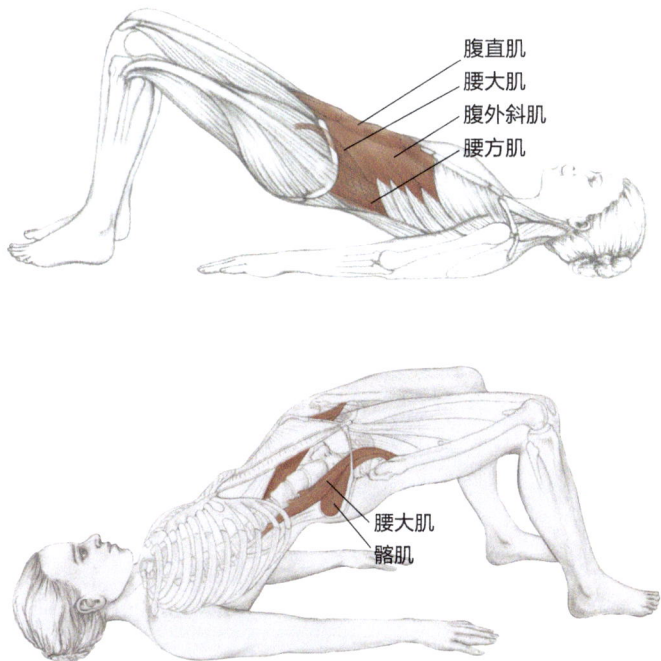

腹直肌
腰大肌
腹外斜肌
腰方肌

腰大肌
髂肌

图4.20 半桥拉伸练习

双腿交叉拉伸练习：这又是一个经典的拉伸练习。练习者仰卧，将一条腿的脚踝从上方移动至另一条腿的膝盖外侧，并用手将抬起侧的大腿拉向胸部。

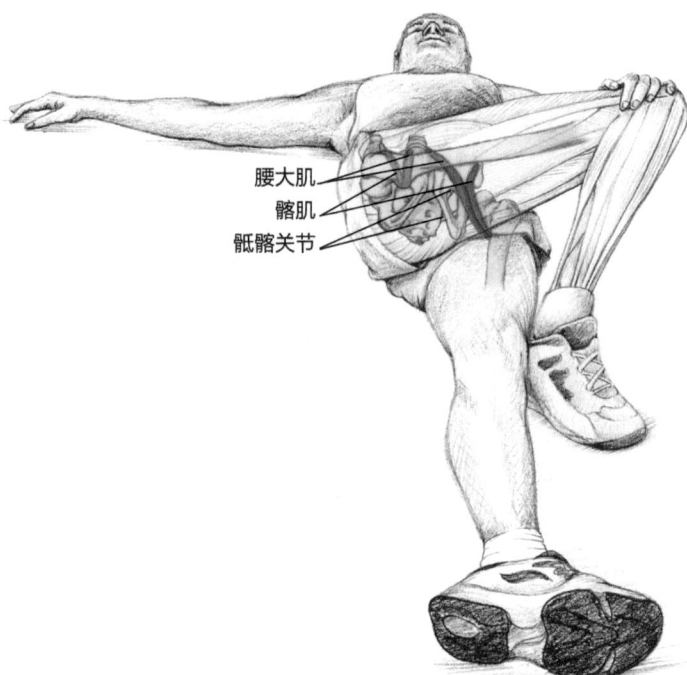

腰大肌
髂肌
骶髂关节

图4.21　双腿交叉拉伸练习

19. 半V形悬体练习： 由于这是一系列初级垫上常规练习，正常的V形悬体练习对于新手来说通常难度过大。在级别I的训练中，仰卧的同时不要伸双腿，只要伸单腿，抬起与膝同高；保持另一条腿处于弯曲状态，脚置于外侧地面上。练习者向上、向下滚动身体，动作要慢，控制要好，同时将两条大腿相向挤压。完成三次后换另一条腿重复上述动作。

在这项练习中，腰肌在伸直的一侧腿扮演运动肌的角色，而在屈膝的一侧腿扮演稳定肌的角色。

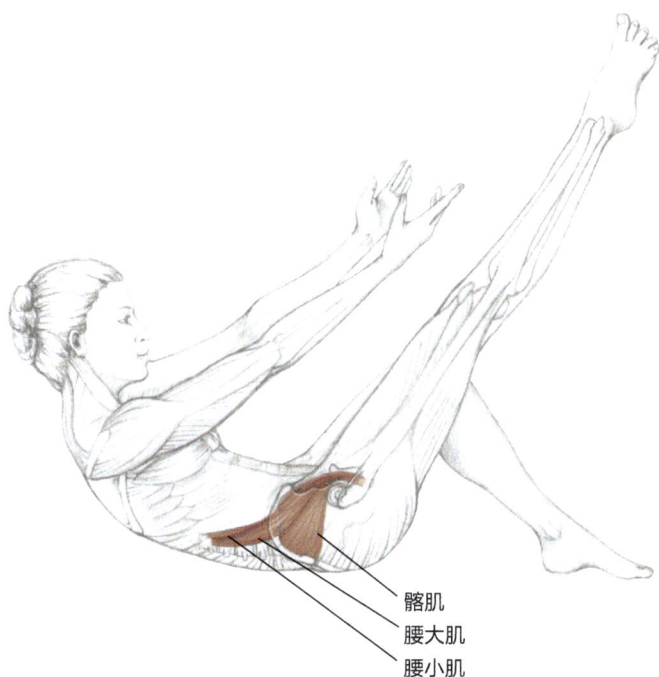

髂肌
腰大肌
腰小肌

图4.22　半V形悬体练习

20. 海豹拍鳍练习： 从坐姿开始，双手抓住脚踝外侧，双膝向外伸向两侧，两脚跟内收，弯曲髋部和脊柱。在本练习的大部分运动中，腰肌充当稳定肌和核心肌肉的角色。沿着脊柱来回滚动三次，在滚动的顶点和最低点，拍双脚增加趣味性。（类似于练习4，即第58页中的球式滚动练习，其中包括髋外旋动作。）

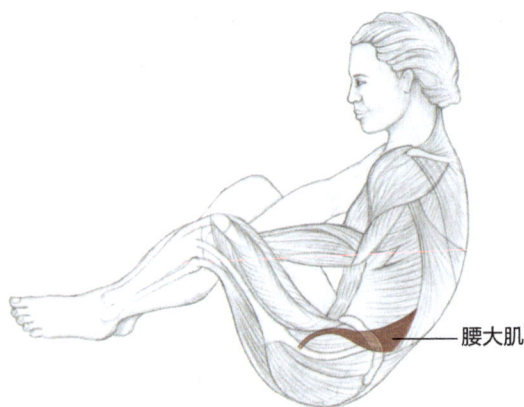

图4.23　海豹拍鳍练习

21. 结束姿势： 从站姿开始，双膝微屈，身体向下朝地面屈身，双手撑地并向前移动，呈现前支撑姿势，可以增加俯卧撑练习。使用核心肌肉，维持身体稳定，不要晃动，同时双手向双脚方向回移。再向上挺身恢复直立姿势。在整个练习中，腰肌帮助实现核心肌肉的稳定。

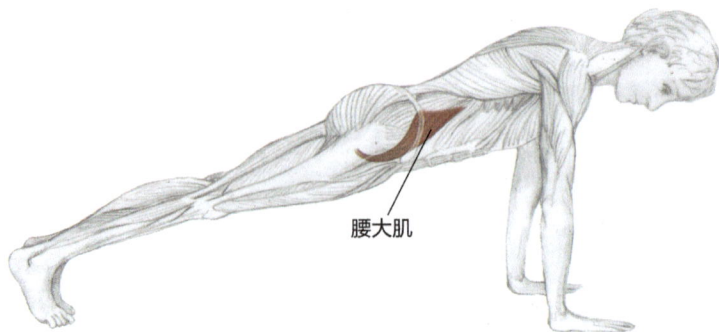

图4.24　结束姿势

要重申一点，腰肌要保持一个正常的反应状态，前提是其他核心肌肉必须得到正确使用。在重复性练习中压力过大将会导致身体出现不平衡和劳累过度的情况。

普拉提练习器械简介

普拉提训练器械

普拉提练习可以只选用重组训练器，也可以选择很多其他器械如稳踏椅、高椅、吊杠、卡迪拉克床、梯桶、普拉提棍以及塔架等。练习者完成完整的常规练习，需要一名技能全面的普拉提私人教练。练习的内容有强度且有重点，大部分练习要求腰肌发挥稳定肌和运动肌的双重功能。要注意，在学习普拉提垫上练习时，重点在于用对肌肉，确保腰肌不要运动过量。

其他器械

其他器械包括普拉提圈、弹力带、球、拉力片、绳子、滚筒、拉伸训练器（ped-o-pulls）等。使用这些器械有助于增加阻力，提高练习的难度系数。基础垫上课中学习了如何保持身体的完整性。继续做好这一点，在增加器械时，可以帮助大家完成练习。

作者认为普拉提训练有效，但是必须要练习。

常规普拉提健身训练和瑜伽、步行、游泳以及强度较低的举重训练一样，都非常有助于实现身体平衡，同时敏感的身体机制也不会由于力量或压力的增加而受到干扰。

第二部分
腰肌与神经系统

当我们害怕时，我们会进行自我保护，以避免遭受到身体上或心理上的风险。如果恐惧走向极端，它也能对人造成破坏性的影响。人类的这些自然反应存储在大脑中，关乎人的生死存亡。它们是大脑与神经系统连接的一部分，因此，存在自然反应的腰肌与神经系统间也存在联系。

第5章
联系——身体记忆：
内脏与大脑间的联系

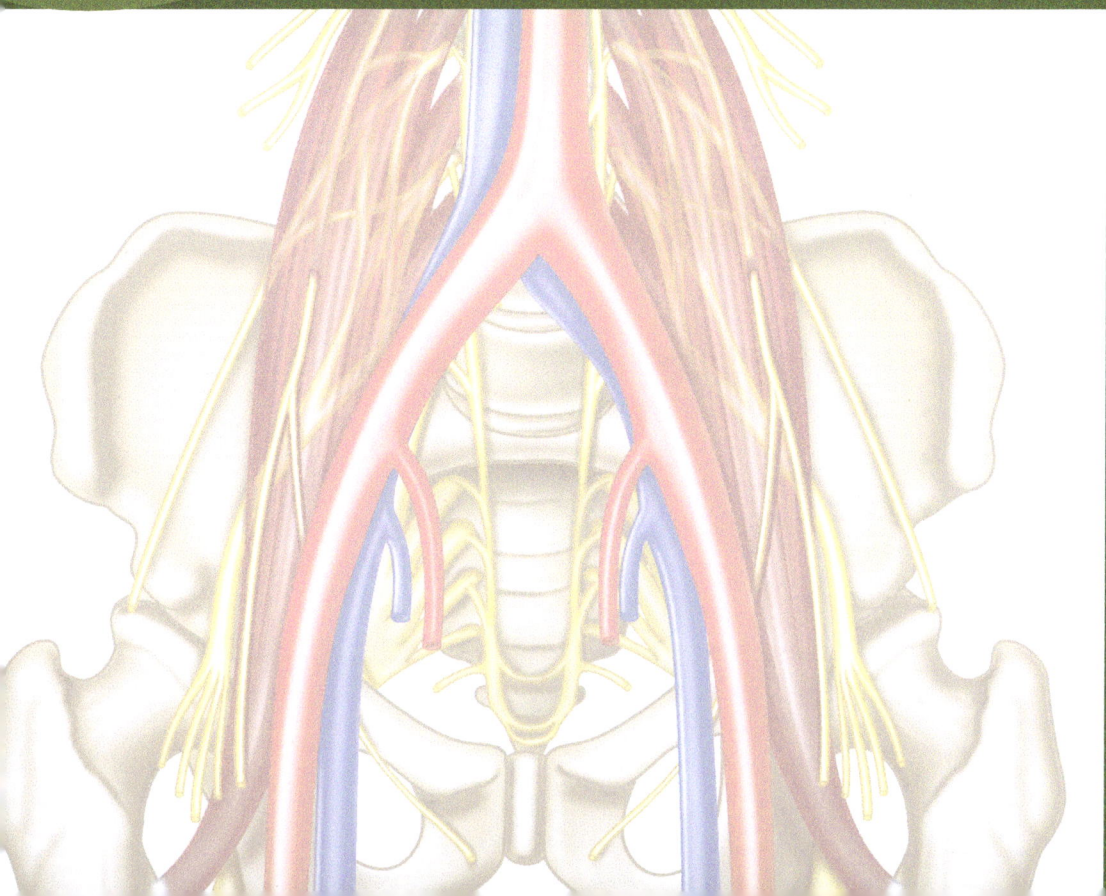

身体的记忆

身体科学顾名思义就是研究人体的科学。人体记忆或是人体智能等词语指的就是身体的智能。现在我们了解人除了可以通过大脑还可以利用身体嵌入存储创伤性经历。医生认为人体本身具备智能，通过身体运动以及其他多种手段可以帮助个人认识这一点。身体治愈过程就是找到"第六感"（直觉反应）推动实现个人健康的突破。这要求大家关注一种直觉体验的交流方式，而非经过精心的计划或是语言信息。在当今社会，要做到这一点很不容易。

这一切是如何与腰肌发生关联的呢？回顾第一部分，大家就能明白，由于腰肌处于体内深层位置，且与身体的其他部位联系广泛，所以它影响中枢神经和周围神经。创伤性的记忆对于人的行为方式有着根本性影响。腰肌作为一个感知器官，可以存储这种记忆。腰肌的参与可能导致肌肉僵硬、缺乏反应和疼痛现象。放松腰肌可以启动治疗程序。

"战或逃"的反应是交感神经系统的一种反应；休息和恢复的放松反应是通过副交感神经系统实现的。当人体验到压力过大无法承受时，这种健康的程序可能受到抑制。这种郁积的能量被作为记忆存储在身体里，可能以身体某种症状表现出来。重复性或是无法排解的创伤可能导致身体出现疾病。

可能出现的情绪失常包括：

- 创后压力失常；
- 急性压力失常；
- 癔病；
- 综合征（通过引擎搜索该词能够找到许多相关内容）；
- 抑郁；
- 退化；
- 恐惧；
- 恐慌；
- 焦虑失常；
- 痴迷–强迫性紊乱；
- 睡眠失常；

● 噩梦。

这些属于精神性失常，必须进行检查，确定其形成原因是大脑功能异常还是其他情感问题。无论哪种情况，这些问题都能存储在体内。有很多书也介绍腰肌以及腰肌与人体对各种本能反应之间的联系。我们尊重专家的意见，同时相信：

> 如果训练肌肉可以缓解上述问题，那么就能减少治疗这些创伤过程中所需药物的用量。

内脏与大脑间的联系

世界上万事万物都是相互联系的，对于这一点无须多言。内脏区域里面有内脏神经系统。它的功能从某种角度来说类似于内脏的大脑。人类还在继续研究寻找治疗抑郁、自闭症和其他重大疾病的方法，内脏与大脑间的联系一词让人眼前一亮。我们胃肠道内寄生着大量复杂的细菌，这些细菌对健康的影响仍有争议，但是很多人开始相信这些细菌组织可以发出信号，并能与其他细胞进行交流，而且还能领会和改变环境释放的各种信号。

肠神经系统接收副交感系统和交感系统发出的信息，这三者都是自主神经系统的一部分，该系统以无意识的方式控制身体中的器官和肌肉。还有一个躯体神经系统，通过有意识的方式影响骨骼肌。两套系统组成了周围神经复合体，紧急情况下参与"战或逃"的反应，并在非紧急情况下参与"休息和消化"，从而影响腰肌。

中枢神经（包括脑部和脊柱）发出的神经冲动可能造成肌肉紧张，影响腰肌。原因是腰肌所处的中心位置，这一点上文已经谈到。因此，当腰肌得到放松的时候，体内蓄积的一些失调状况都可能出现。一旦这些状况出现，我们可以将其"释放"，这样整个身体就能达到平衡，和谐运行。

神经系统指南

人体神经系统通过神经元控制人体内各个系统发挥不同的功能。它包括两个部分：

1）中枢神经系统（CNS）： 包括大脑和脊柱。该系统让我们思考、学习、推理以及保持平衡。

2）外周神经系统（PNS）： 位于脑部和脊柱之外，存在于身体外侧部位。该系统帮助我们进行有意识和无意识行为，并通过各种知觉进行感受。外周神经系统包括：

a）自主神经系统（ANS）：负责调节体内器官和腺体，它控制无意识的行为。自主神经系统包括以下三个子系统：

① 交感神经系统：启动我们常说的"战或逃"的反应。腰肌被认为是执行该反应的肌肉。

② 副交感神经系统：刺激"休息和消化"行为。

③ 肠道神经系统：控制脊椎动物体内的胃肠系统。

b）躯体神经系统（SNS）：负责将神经信息传递给中枢神经系统，并将中枢系统的信息传递给肌肉和感觉纤维。该神经系统与有意识的神经控制相关。

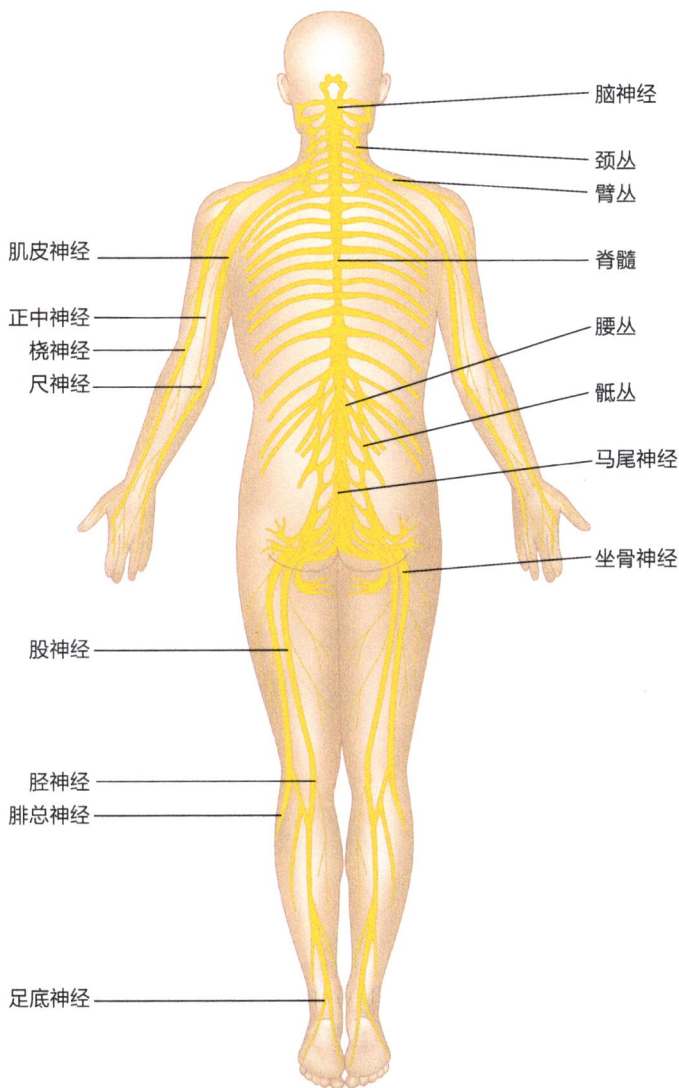

脑神经

颈丛

臂丛

肌皮神经

脊髓

正中神经

腰丛

桡神经

尺神经

骶丛

马尾神经

坐骨神经

股神经

胫神经

腓总神经

足底神经

图5.1 神经系统

训练腰肌，学习放松

想象一下，善待某块肌肉，我们是否曾这样做过？然而在现实生活中，无论在工作还是娱乐中，我们往往都会让肌肉筋疲力尽。这同样也是力量训练中的一条主要原则。由于腰肌很可能已经疲劳了，所以我们换一种方法来训练腰肌，将腰肌从众多琐碎的杂事中解放出来。

学习如何释放压力和创伤是第2章和第6章主要探讨的内容。肌肉处于放松状态下将开始影响身体的其他部位。大家在接受按摩或是进行其他如芭田妮芙（Bartenieff）基础动作等柔和的身体运动时就能体会到这一点。快要睡着的时候也能感受这一点。要单独区分出腰肌需要思想开放并具有洞察力。尝试以下各种练习技巧。

胎儿姿势

1.侧躺，卷曲身体并闭眼。

2.想象腰大肌位于身体中心位置的深处，灵活而柔软。身体处于这个姿势时，腰肌实际上没有进行任何运动。它没有收缩，而是在休息。

3.将腰肌想象成一个能够呼吸的活的生命体，以无意识的方式促进液体循环并传递信息。它位于整个身体的中心深处部位，应该得到我们的尊重和善待。

腰肌“摇晃”练习

1. 可选用胎儿式或是俯卧，开始轻轻地摇晃骨盆，想象好似在摇晃婴儿。感觉到位后，缓慢减速直至停止。

2. 想象肌肉的连接组织沿着两腿向下、顺着脊柱向上的路径。这些连接组织包括筋膜、肌腱、神经支配器官。

3. 让大脑接收身体核心部位发出的微妙而又平和的信息，信息内容是培育和关怀。

初学者的心态

1. 回忆小时候是如何看待和感受身边事物的：好奇、无畏、真诚且没有约束。想一想可以帮助你回忆的特殊场景。

2. 孩子们时时刻刻活在当下。在这个过程中，他们总是观察和感受身边的事物，却并不理解，也不做评判。

3. 想象腰肌，如同你人生中第一次这样做——也许真是你人生中的第一次。不排斥各种新的可能。这样做可能需要时间，因为我们对于已形成的习惯往往因循守旧。其实，肌肉也是如此。

乔恩·卡巴特-津恩（Jon Kabat-Zinn）医生是身心医学最初的推动者之一。他创造了众多著名的减压技巧。上述的"初学者的心态"就是其中之一。乔恩·卡巴特-津恩医生在马萨诸塞州大学医学院创办的减压诊所世界闻名，帮助数百万的患者治疗疼痛、紧张和疾病。

上述方法都属于关注当下的做法：关注但不试图控制或评判事物，同时要有耐心和包容心。如果我们将这种做法融入我们的日常生活之中，那将可能改变我们的生活。有人选择在专业人士的指导下进行练习，有人则自行练习。两种途径，都能实现身体放松。

> 学习放松是一个持续一辈子的过程，它是一种成长。

第6章
腰肌问题显现

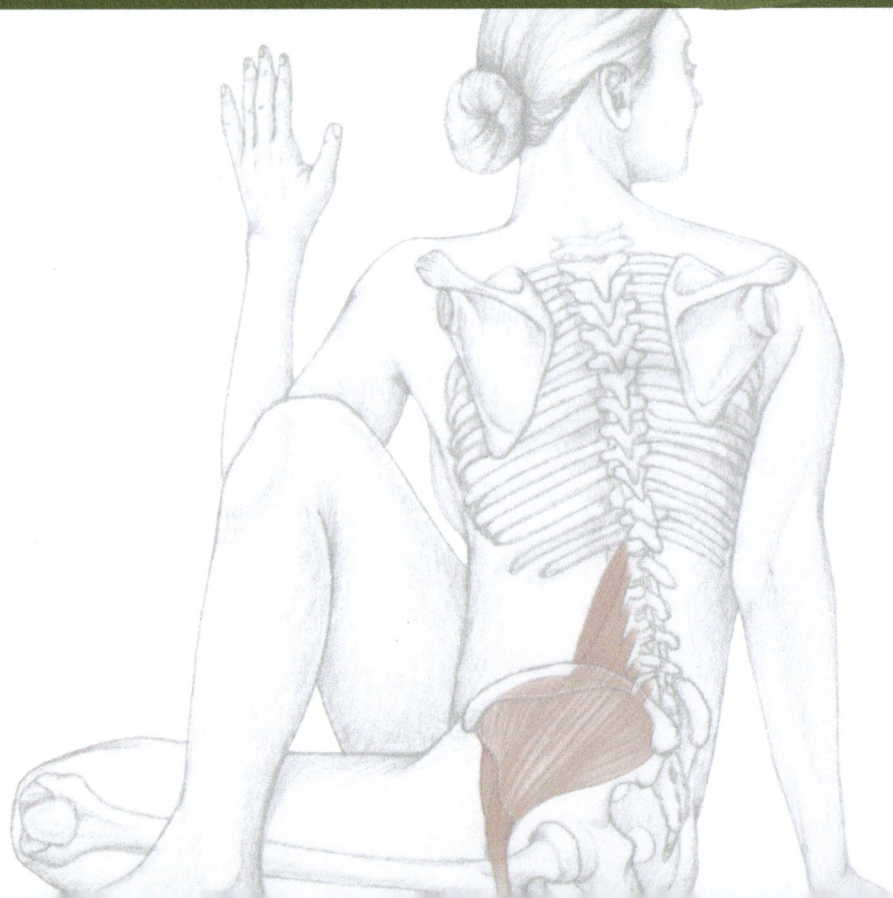

肌肉紧张与压力有关，可能会产生不利的影响。这些影响在很多情况下可以表现出来，比如说上肩部和颈部的拉伤。造成拉伤的原因很多，如情绪紧张、冲突以及不良的身体姿势。由于上述部位位于体表，所以观察起来更为直观。而腰肌等深层肌肉，如果受到伤害，就不太明显了。这种地方出现创伤，可能会隐藏许多年。

治疗腰肌的各种做法

随着腰肌收紧，它影响身体姿势、各部位的位置、行走等。由于腰肌所处的位置较深，同时在近端对于身体的其他组织结构比较敏感，因此要触碰腰肌是有困难的。所以，一定要进行自然的身体练习，以便让腰肌得到释放和放松。

1. 建设性的休息姿势（CRP）： 建设性的休息姿势适合所有人进行练习，而且学会后无须教练指导便能按需重复练习。大家可以在第一部分第2章中找到这个练习以及其他相关练习的介绍。

2. 身体扫描： 选择一个安静的场所仰卧，双腿和双臂向外伸展。闭上双眼，开始用大脑扫描身体，感知任何紧张之处。从双脚开始，慢慢上移，通过身体的每个关节和大的肌肉群。如果某个点位感觉紧张，注意力集中在这里，通过呼吸来化解紧张。来到髋部时，特别注意腹股沟部位（腿部与骨盆相接的部位），真正做到释放压力，然后转个圈，来到骶骨，并着手释放那里的压力。继续扫描身体的核心部位，一直到头皮。实际上就这么简单。

3. 紧张/放松： 从上述姿势（第二个练习）开始。先从一条腿开始，卷曲脚趾，收缩腿部肌肉抬起大腿，保持数秒，然后放松。换另一条腿重复上述动作，接着训练骨盆部位、躯干、左右手臂以及面部。最后放松休息，这时对于放松将会有更深的认识。

4. 挺尸式： 这是瑜伽课结束时练习的一种姿势。它是一种完全放松的姿势，通常选择仰卧姿势，练习者完全释放身体、思想和情绪上的紧张。

存在于腰肌中的深层冲突可能是很严重的，大家可以在以下各个案例研究中找到例证。

腰肌案例：手术、恐惧和治疗

艾什莉·卢德曼（Ashley Ludman），职业治疗师，瑜伽教练*

戴维（David）带着犹豫不决的心情走进我的瑜伽工作室接受初次病情诊断。他说："我不确定瑜伽是否能缓解我的病情。外科手术看来并不奏效，我仍然感到疼痛。"

戴维是一名事业有成的总承包商，50岁刚出头的年纪，气色很不错。在来之前，他的一个朋友建议他来找我接受个性化的瑜伽治疗。他的这个朋友由于腰痛并经常有偏头痛，在这一年的早些时候开始练习瑜伽，不久症状便减轻了。按照约定的时间，戴维穿戴整齐早早便到了，准备好尝试一下"瑜伽"。

我们首先通过动作练习来进行诊断。戴维开始告诉我他来之前的一些背景情况。之前，他的腰部不舒服的情况不断加重，最后变成了疼痛。对此，他的骨科医生建议他进行手术治疗。一次，他弯腰捡东西的时候，这个动作如同压断骆驼脊背的最后一根稻草，把他击垮了。手术后在医院住了几个月，他出院了，重新开始没有约束的生活。但是，他还是觉得背部一直疼痛，严重影响他的日常活动，对此他忧心忡忡。虽然医生明确告诉戴维，椎间盘切除手术已经切除了突出的那个椎间盘，但是戴维还是感觉疼痛，这使他不能冲浪。并且往往在没有事先准备的情况下，如果身体突然移动至某个姿势，就会疼痛得无法呼吸。

引导戴维在被动动作范围内进行运动时，我发现他的髋部（具体来说就是他的腰肌和臀肌）处于一种收紧的模式。他继续讲述他生活中其他方面的内容：工作、家庭和各种压力。戴维因其承包项目质量高且持久性而出名，他的工作安排得满满当当，而且很多客户对他抱有很高的期望。他告诉我，他常常要应付一些要求苛刻的客户。这些客户脾气暴躁，希望他拼命实现他们提出的一些不切实际的要求。关于如何应付这一行的压力，他说："多年来，我一直应付这种压力，到现在我已经很习惯了。"

---

*　艾什莉·卢德曼在威尔明顿市以及诺莎拉市两地创办了名为海边瑜伽的诊所，并担任该诊所的主任医师。她于1996年开始从事职业治疗师。

　　我一边开始教他一些简单的瑜伽姿势，一边和他继续交谈。他说他的肌肉感觉非常紧张，尤其是腰肌。我为他制订的计划中包括了大量的高位和低位弓步练习以及各种身体姿势，目的是放松他的腰肌。他学习和使用乌加依（ujjayi）呼吸控制法。虽然在整个瑜伽练习中他需要在提醒下进行呼吸，但是当他身体过于僵硬和紧张时，这项练习似乎有助于他放松思想和神经系统。

　　他身体动作缓慢而且按部就班，尝试完成我要求他做的所有动作。但是他心里还有一点恐惧，所以不能完全柔和地做出各种姿势。因此，我们开始解决深层的恐惧情绪。戴维又说了一些有关他疼痛的问题。"我想，我有点担心自己变老，没办法做我自己喜欢的事情。疼痛问题把我给难住了，尤其影响我的工作业绩。如果我不能完成我的工作，我就没有办法照顾我的家人，履行我应尽的义务。"他继续描述身体受限的情况，"感觉好像我的背部内部深处有什么东西卡在那里，虽然医生肯定地告诉我椎间盘已经得到了稳定，但感觉如果我用力过猛，什么东西就会破裂。"

　　他感知的内脏知觉是真实的。我们继续通过脊柱关节卷曲等运动放松腰部区域，具体来说就是腰肌。经过几次连续练习，我注意到戴维的动作变得更加流畅了。他能够有意识地改善肌肉的平衡，并让深层的核心肌肉整体参与运动，而不是一味地让腰肌承担主要工作。

　　随着他不断进步，他做的练习中最难的部分是从仰卧姿势开始通过弯曲脊柱实现完全坐起。我们开始时循序渐进，首先练习从坐姿向下躺倒，通过这项练习增强他对腰肌在两腿和脊柱方向上拉伸的感知。当他逐步过渡到躺下和坐起的来回往复运动时，起先他会使用双手压地支撑身体。后来我发现在禁止他使用双手支撑坐起的情况下，如果将一块折叠的毛巾垫于腰椎下，他便能更容易地完成完整的坐起动作。

　　后来，奇迹发生了。一天，戴维卷曲脊柱，轻松无痛地完成了仰卧到坐着的动作。我们彼此看着对方，他痛哭流涕。他哽咽着说："我很抱歉，我不知道哪里来的泪水。"

　　我向他解释道："这是一种宣泄。我们的身体可以将一些自然反应埋藏在细胞深处，实际上往往是它们让疼痛挥之不去。一旦体内存储的这些记忆被释放，疼痛也将随之消失。"

"现在你正在感受着你身体力量的另一个层面。在我们可以看见的外部层面之下，你体验到了一种更深的力量。同时，这股力量允许你放弃紧握的状态。"那天，戴维走出瑜伽工作室时，脚步多了些轻快。他的面部表情也轻松了一些。他整个身体的动作也更流畅了。似乎他最终让自己放松了。

几个月后，戴维有机会将其垫上练习变为无垫练习后，我们又谈及释放恐惧。"实际上，我已经意识到，除此之外，我还必须解决控制方面的问题。我不能控制我所遇到的每一种情况。我害怕自己不能掌控。正是这种恐惧触发了身体上的疼痛。所幸的是，现在，我已经能够在恐惧出现之前就将其感知，而且还有各种方法来应对恐惧。恐惧永远不会彻底消失，因为它已经在我生命中形成了烙印，但是我现在已经知道如何与它友好相处，以及如何与自己友好相处。"

我是自己的案例研究对象

乔·安·史道格-琼斯

我于2010年2月开始着手本书的写作。此前，我对于现代舞蹈、普拉提和瑜伽进行了长达30多年的认真研究。早年对于垒球和体操等体育项目有着浓厚的兴趣爱好，从大学以来一直热衷于下坡滑雪运动。我从体育运动的角度来看待生命——我完全相信健康和体育教育对每个人都是有益的，本人也是一直坚持运动。在我的职业生涯中，我尝试过各种不同的健身方法：芭田妮芙基础动作、亚历山大技巧训练、费尔登克拉斯肢体放松方法以及身心平衡技巧。最终，作为一名舞蹈和人体运动学的教授，我大力倡导通过增强人们的认识来预防伤痛。我自己也经历了因为运动过量造成的伤痛。我积极应对这些伤痛（尤其是膝盖的伤痛）并通过练习使其自然治愈。

去年夏天，我右侧骶髂关节出现问题，这是一种慢性病，所以我试图通过理疗和脊柱按摩疗法进行治疗。第一次看医生时，我就告诉医生，我认为我骶髂关节部位的痛点位于我身体前方伤疤组织的正后方。经过检查，治疗医师同意我的看法：不仅二者相关，而且伤疤组织已经开始影响我的腰大肌！我有生以来一共进行了三次腹部手术——两次在我身体的右侧，还有一次是剖腹产。

剖腹产的问题

剖腹产的伤疤组织与我的骶髂关节部位疼痛有着直接的关系。只要骶髂关节受到影响，我们就可以推测，腰肌就是一个罪魁祸首，其必定在某些方面进行了参与。设想一下手术带来的问题，以及由此造成的长期方方面面的影响。

剖腹产后的治疗就是：回家，抱孩子，给孩子换尿布，再做做其他家务劳动。但是，之前手术切开了孕妇的腹部肌肉，把婴儿取出来。剖腹产之后，医生也没有叮嘱产后要做任何理疗或是练习，只是笼统地说"多起来走动走动"。多年之后，上述做法导致患者身体移动受限，身体姿势不良，以及很多其他后遗症。谢天谢地，作为补偿，患者拥有了一个健康的孩子。

人们认为造成这些伤痛/症状的原因是所谓的"切口"。切口实际上本身就是对身体的创伤。造成下腹切口的手术包括剖腹产、切除阑尾、剖腹子宫切除、切除腹股沟疝以及腹部去脂手术。这些手术不仅影响肌肉，而且可能破坏神经。腹腔镜检查程序减轻了手术对身体的伤害，但是却不能完全消除其影响。

我的治疗方案包括对刀疤组织和腰肌进行长达数小时的按摩和下压。腰肌最初的反应造成身体极度疼痛：腰肌作为"战或逃"的肌肉选择了战斗作为回应。随着时间的推移，这种反应强度减弱，治疗医师能够以轻柔的方式软化受限组织。只有合格的治疗医师才能够从事这样的治疗，但是我们难以确定谁是合格的医师。我的建议是：如果出现疼痛，就应该停止，除非你完全信任给你治疗的医师。

完整的治疗更有益，包括针对训练臀肌、腹肌、腰肌、髋部屈肌以及脊柱伸肌的各项练习，对周围多块肌肉进行拉伸和强化。这种治疗很奏效，只是对我来说晚了25年。这个故事的寓意是，刚刚生产过后的女性，即使是顺产，都应该进行某些康复治疗，包括身体以及心理层面的康复治疗。

腹股沟和睾丸疼痛的案例

加里·马斯拉克医生，D.C.，P.T.，C.S.C.S.

一位41岁的男性患者来到我的诊室，他主要的病症是右侧睾丸疼痛，发病时间为3~4个月。他发现疼痛状况逐步加深，坐下时疼痛加剧，他认为，按照10分来划分疼痛等级，自己的疼痛程度达到7分（10分为疼痛最剧烈的状态）。

化验结果显示为正常，只是肝部的酶（SGOT和SGPT）有轻度的升高。我详细了解了一下他的病史并进行了检查。身体姿势检查发现，其腰椎前屈度轻度增加，且右侧髂嵴位置较低。腿部长度测量显示右腿结构短5/16英寸。还能明显看到患者髋骨的左后侧以及右前侧骨盆出现倾斜。基本检查表明，过度内旋对左侧影响大于右侧。髋骨和躯干的主动活动范围基本上处于正常。但是，右侧髋部伸展情况不佳，只能移动10度。骨头的移动以及神经测试均未见异常。只是，在第一腰椎和第二腰椎位置，沿着腹股沟和大腿上部前侧的皮肤出现轻度感觉迟钝。

触诊表明右侧腰大肌出现明显的疼痛，并伴随极度的收紧，同时出现患者主要症状"腹股沟和睾丸疼痛"。（腰椎前凸程度的增加也可以与髂腰肌紧张之间互为因果。）

治疗包括对腰肌进行湿热治疗，接着再放松肌筋膜，同时腰肌的拮抗肌（臀大肌）主动移动伸展髋关节，对于接受治疗的腰肌进行神经抑制，目的在于释放被压迫的生殖股神经。从解剖学的角度来说，生殖股神经穿过腰大肌，控制大腿上部前侧和腹股沟区域的感觉。但是在本例中，生殖股神经由于受到压迫而造成患者感到疼痛。完成肌筋膜放松后，接着通过各种不同的练习对髂腰肌进行三个不同平面上的拉伸，并激活受限的臀大肌。该患者两天之后回来复诊反映疼痛情况减轻了85%~90%。后续又安排了两项治疗内容，目的是放松腰肌以及周围的软组织，同时也是为了检查在家练习的效果并更新练习内容。可以想象一下这位患者随着身体疼痛的减轻，思想上的痛苦也得到了缓解。

神经压迫

许多临床医师发现，很多病例中造成疼痛的原因是神经受到压迫，这些病例不需要手术便可以治愈。压迫神经这一表述通常指的是腕管综合征、肘管综合征或是坐骨神经痛，但是它适用于某一特定的神经或神经组所受到的任何压力。

这些原因针对特定的相关部位，包括退行性椎间盘、骨刺、关节炎、肌肉功能障碍以及情感方面的创伤造成腰大肌等肌肉的紧张。每一种情况都有各自的特点。

腰椎管狭窄

在疼痛的情况下，造成腰椎管狭窄的原因通常是退行性关节炎或是一种名为椎关节强硬的椎间盘疾病。腰椎是由许多关节面组成的。通过这些关节面，众多神经穿过脊柱管以及脊柱侧面的开口离开脊柱。当椎管或是开口变得狭窄或是受到破坏时，相关神经就会受到压迫。这些神经通过位于腰大肌之后的腰丛通道对人体下肢产生影响。如果神经受到压迫，髋关节和腿部就会感到不舒服或疼痛。

治疗理念是疏通受椎孔狭窄或是腕管综合征影响的神经通道，或是神经受到压迫的其他任何部位。治疗方法包括使用药物进行消炎止痛。注射或是手术，取决于病情的严重程度。作者通常首选理疗，理疗相对于药物和手术来说造成的身体创伤较小。正如上述众多病例描述的那样，虽然医生使用或建议使用手术，而实际上最有效的治疗方案可能还是自然的身体运动，包括腰肌的练习。事实已经证明，可以通过放松肌肉来打开受压迫的神经。对于脊柱椎孔狭窄则另当别论。但是若能通过饮食和身体锻炼进行预防或是及早发现，一定可以减少发病和手术的数量。

神经系统极其复杂。要体会这句话的含义，大家可以尝试了解仅为神经系统之一的生殖股神经的路径。该神经

- 属于腰丛上部的一部分；
- 起始于第一腰椎和第二腰椎的神经根；
- 出现于腰大肌前面；
- 分成股神经和生殖神经两支；
- 控制股三角区上部前面的皮肤；
- 在男性体内，穿过腹股沟管，控制睾提肌（包裹睾丸）以及阴囊；
- 在女性体内，止于阴阜皮表（阴道前部）以及大阴唇（小阴唇）。

　　还有很多有关腰肌的案例——证明练习腰肌放松可以产生惊人的效果。其中一些最佳的腰肌练习是由利兹·科克发明的。她是一位具有全球影响力的教育家和身体治疗师。

第三部分
腰肌与功能解剖

　　要研究人体的动力和平衡，腰大肌作为中心部位必不可少的一分子，也成了研究对象。如果腰肌使用正确，它将不会干扰其他部位正常的运转，反而会对其起到促进作用。整个第三部分都将研究上述这一理论。

根锁式，或称为Mulabandhasana（mula=根，根基；bandha=束缚；asana=姿势）。通常来说，这是一个难度级别为二级的姿势，结合了吉祥式（Baddha Konasana）和下面的简易坐姿势。这种姿势被认为是一种高级的姿势，因为它要求练习者保持这种姿势时间较长，同时还要练习呼吸技巧。虽然它是瑜伽中的经典坐姿，但最好是跟随合格的瑜伽教练进行学习。这项练习的内容如此丰富，这里无法一一介绍。但可以肯定地说，腰大肌作为中心部位提供统一上下半身的一股力量，在一定程度上参与这项练习。

瑜伽姿势

腰肌作为受体和指导者，可以影响该部位。可以通过瑜伽的坐姿以及涉及双腿和双脚的任何姿势来激活腰肌从而影响脊柱底部及周围组织。在利用腰肌、腰方肌以及盆底肌时，这些肌肉可以稳定腰部和骶部区域，将骨盆位置推向地面。这一点对于下列所有姿势都很重要。

瑜伽的姿势保持的时间通常不少于三次完整的呼吸，具体次数依据教练的指导。教练可能还会指导大家身体移动的顺序（流瑜伽，如拜日式）。

坐姿

I. 简易坐（Sukhasana），级别I
（梵语中Sukha意指温柔、快乐或可爱）

练习技巧：这是一个静态的坐姿，要求脊柱充分伸直竖立。它最适合作为瑜伽课的起式。脊柱直立，双肩向后、向下处于放松状态，交叉双腿，保持坐姿。

身体限制：虽然很多人都觉得这个姿势很舒服，但是有些人可能觉得膝关节或髋关节部位受到限制。如果出现这种情况，可将前腿置于同侧的外方，或是使用毯子或抱枕垫高座位，在重力的帮助下让双腿放松。让髋部的位置高于双膝的位置，这样有助于减少疲惫感，并增强呼吸的能力。还可以使用墙体帮助伸直脊柱。如果无法坐于地上，也可以使用椅子。

II. 至善坐（Siddhasana），级别I
（Siddha意思是完善的人）

练习技巧： 类似于简易坐，双脚置于双腿的下方，遮住脚趾。脊柱挺直，双肩下拉后置。

变体形式： 在原有的姿势中加入前屈的动作，在保持坐骨不离开地面的前提下，向前伸展上臂。

身体限制： 与简易坐相同。在练习变化形式的时候，脊柱的弯曲动作不适合有椎间盘问题的练习者。

III．莲花坐式（Padmasana），级别II

（padma=莲花，象征创造）

练习技巧： 使用简易坐的坐姿，将双脚置于大腿的上方，同时保持身体挺直。注意：这是个强劲有力的姿势。

身体限制： 如果脚踝、膝关节或髋关节有问题，坚持练习简易坐姿势，对身体的拉力会小一些。最终，等到身体更加强壮、放松，而且平衡能力更好的时候，就可能完成莲花坐式，先单腿尝试一段时间，然后再使用双腿。或是对膝关节或髋关节下方进行支持。练习者必须关注身体的反应，如果做不到完整的莲花坐式，不要勉强。接受身体存在的各种限制并尊重身体的能力是练习瑜伽的一部分。

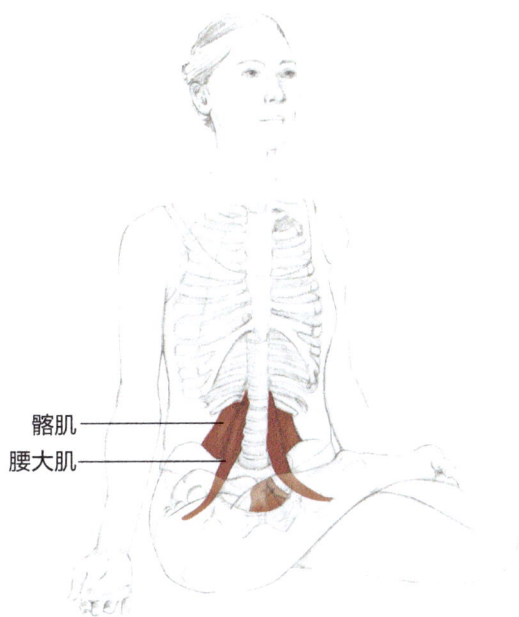

髂肌
腰大肌

图7.1　莲花坐式（Padmasana），级别II

上文提到昆达里尼，梵语意思是"盘绕"。瑜伽中有很多盘绕的练习，对于腰肌的影响很大。举例来说，大家可以练习简易坐，吸气时向前挺直脊柱，呼气时向后弯曲脊柱，练习中加快速度，持续数分钟。这项结合呼吸的运动激活躯干，增加身体的感知能力。在昆达里尼盘绕练习中同时还运用了火式呼吸（通过鼻腔的一种喘息，涉及肚脐中心部位）。

尝试吸气时身体向左侧扭转，呼气时向右侧扭转，同时双手置于双肩上，双肘向外展开，不断增加练习的速度，使脊柱逐渐放松并打开。

最好是在教练的指导下练习，以达到更好的效果。

IV. 棍式（Dandasana），级别I

（danda=棍或棒）

练习技巧： 坐于地上，双腿伸直置于体前，双脚弯曲，伸直脊柱。将掌根置于髋关节两侧的地面上。这项练习，看似简单，但做起来难，重点在于体位和呼吸。

身体限制： 如果大家在双腿伸直平躺状态下坐起有困难，不要弯曲脊柱破坏规定的姿势，只要屈膝或是在膝盖下方放置一块毯子即可。出现这种困难通常是由于腘绳肌过紧造成的。

V. 半坐姿扭转式（Ardha Matsyendrasana），级别I

（ardha=半；matsyendra=鱼王）

这是一种基本的坐姿扭转式。它如同其他所有扭转姿势一样，激活脊柱。腿部和脊柱以及双臂（取决于手臂的位置）中的许多肌肉也得到了使用。人们认为，这种姿势是一位著名的名为玛慈耶达拉那他（Matsyendra）的瑜伽大师发明的，因而以他的名字命名的。

练习技巧： 取坐姿，一条腿弯曲回收于体下，另一条腿向对侧交叉，脚平放于地上。伸直脊柱，使用对侧的手抓住位于上方的膝盖，或是对侧的肘部抵住上方的膝盖，增加扭转。将后方的手臂置于尾骨之后，手掌撑地。腰肌将辅助支撑腰椎，能够进行更加有效旋转的是胸椎和颈椎，由于腰椎旋转幅度有限，不得强行扭转。（参看图7.2）

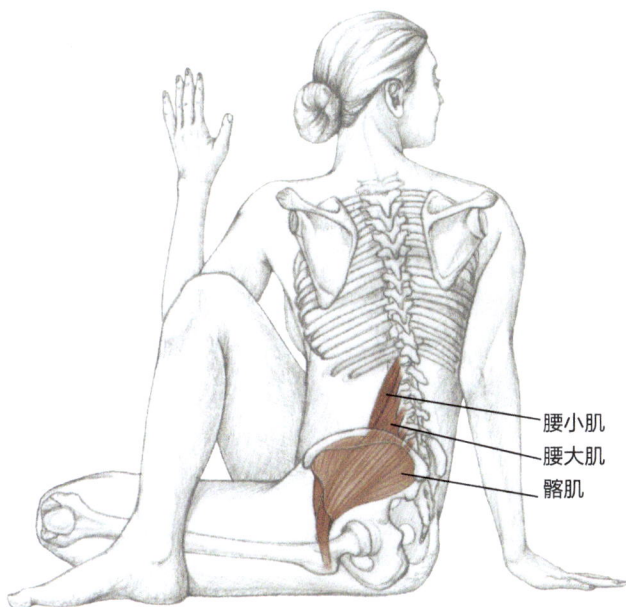

腰小肌
腰大肌
髂肌

图7.2　半坐姿扭转式（Ardha Matsyendrasana），级别I

本书作者曾见过有人因练习瑜伽直接导致下腰背部受伤，并认为强迫腰椎旋转是造成这种情况的原因之一。事实上，蛮干不是瑜伽倡导的方式。因此，练习者可以寻找一名了解运动学并理解这一点的有资质的指导者。

身体限制： 由于髋关节部位紧张或只是简单的解剖学上的差异，很多人在练习这个姿势的时候不能同时坐于两侧坐骨之上。尝试伸展下方的腿，将上方的腿置于下方腿部的内侧而非外侧，这两个动作可以二选一，也可以同时进行。练习中也会出现"对立的移动"，随着身体某个部位的旋转，另一个部位会进行相反方向的旋转。灵活的身体有助于大家完成这项练习，所以大家应该经常进行该姿势的练习，让两侧髋关节抓地，同时向上挺直整个脊柱 。

VI.　牛面式（Gomukhasana），级别II

（go=牛；mukha=面）

练习技巧： 双膝弯曲坐下，一条腿的膝部位于另一膝部之上，双腿向外伸向两侧，两腿外侧边沿着地。脊柱伸长，手臂可以摆出各种姿势。这是一个很好的接地姿势。

身体限制： 这个姿势对双膝的要求很高。如果膝感到任何压力，可能对身体组织造成负面影响。选用较为简单的坐姿，"牛面式手臂"就是一种变体形式。

VII. 船式（Navasana），级别II

（nava =船；asana =姿势）

练习技巧： 从坐姿开始，抬双膝收于胸部，并用与坐骨后方紧邻的部位保持身体平衡。先伸一条腿，再伸另一条腿，如果身体条件允许，与地面保持45度角。一定要利用核心肌肉保持身体平衡并进行必要的支撑。要增加练习的难度，可以向前伸展双臂。挺住下腰背部——腰大肌在此处以及髋关节部位发挥作用。

身体限制： 如果腰肌乏力，那将难以维持身体稳定并保持这个姿势。双手着地维持身体平衡，同时屈膝前收大腿至胸部，降低这个姿势的难度。在尾骨下方垫一厚垫，减少下腰背部承受的压力。正确的姿势不会压迫腰椎，反而将其拉伸。

站姿

VIII. 山式（Tadasana），级别I

（tada=山）

练习技巧：这是瑜伽中基础的站姿，双脚平行，扎根于地，形成稳定的支撑基础，身体向上伸展。保持身体和谐、对称和平衡是这项练习的重点。腰肌的职责是确保脊柱、骨盆和双腿彼此处于正确的位置。根据习惯，双脚可以并拢，或保持与髋同宽。

身体限制：无。

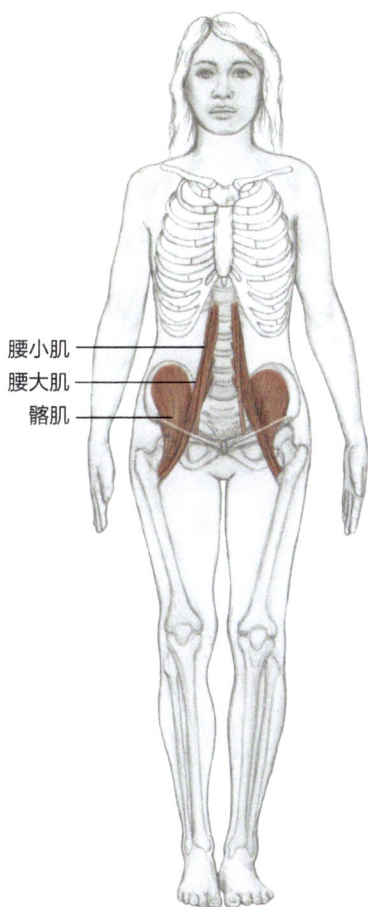

腰小肌
腰大肌
髂肌

图7.3　山式（Tadasana），级别I

IX. 战士I和II式（Virabhadrasana），级别I

（virabhadra = 勇敢的战士）

前腿屈髋过程中，腰肌作为髂腰肌群的一部分进行收缩，这有助于拉伸腰椎。后腿髋关节处腰肌受到拉伸。

战士I式的练习技巧： 起于山式，一条腿向后迈一大步，保持髋关节向前。后脚内收45~60度。保持后脚外沿牢牢地固定在地面上，弯曲前膝，使膝关节位于脚踝的正上方，髋关节稍稍外旋。这是一种稳固而平衡的姿势，双腿承受相等的重量。手臂的姿势可以多变，可以置于髋部之上，或是"仙人掌"式，抑或向上伸展。左右腿交换姿势，重复上述练习。

战士II式的练习技巧： 保持战士I式中的腿部姿势，侧向打开髋关节和双臂。后脚脚趾可以更多地向外转动，有助于打开髋关节。视线位于前手的正上方，目光坚毅而自信。

身体限制： 练习这个姿势时不要造成肌肉紧张，否则将会影响呼吸和拉伸效果。高血压患者，在未接受治疗的情况下，不建议在练习战士I式时举双臂过头。

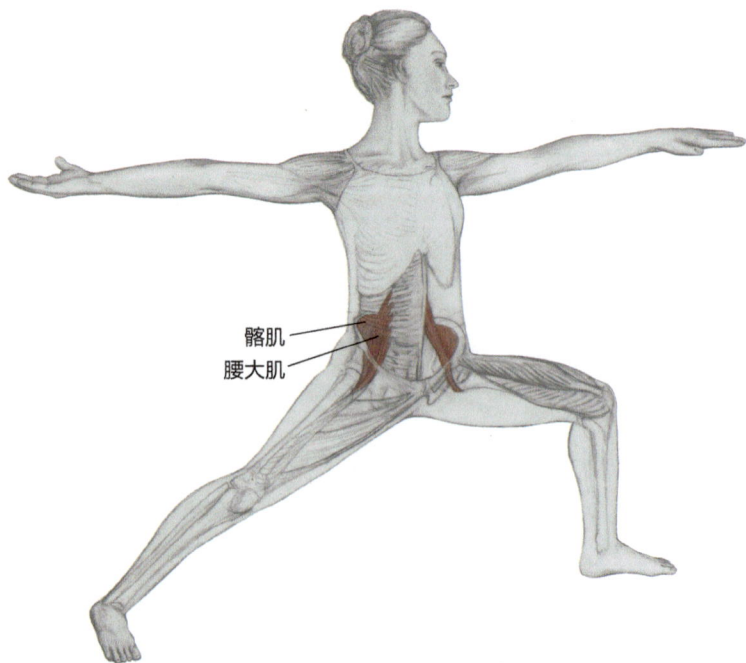

髂肌

腰大肌

图7.4 战士II式（Virabhadrasana），级别I

X. 树式（Vrksasana），级别II

（vrksa = 树）

练习技巧： 单腿站立，脚趾朝向正前方，将另一只脚抵住支撑大腿的内侧或小腿的内侧，向外旋转髋关节。延展身体向上，尾骨下收。双手合十呈祈祷式，或高举过头。加强支撑腿，同时拉伸另一条腿。骨盆保持处于中心位置，腰肌对双腿发挥作用。

任何单腿平衡姿势都要求支撑腿脚牢牢固定在地面上，同时核心肌肉强有力地参与，因此都是绝佳的练习。

身体限制： 髋关节收紧将迫使抬起的脚下移至小腿肚或地面（绝对不可以压住膝关节的部位）。只要保持髋关节外旋，出现上述情况也没有关系。如果大家练习中感到眩晕或是难以保持平衡，可以扶住墙体或其他支撑物。保持注意力高度集中，以提高身体的平衡性。

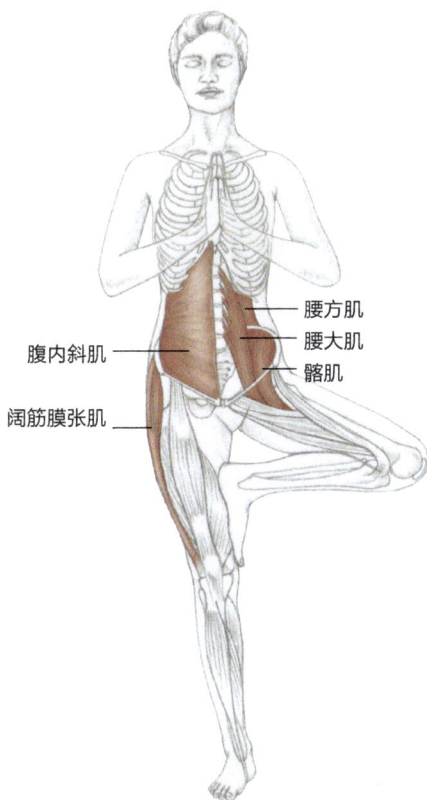

腰方肌
腰大肌
髂肌
腹内斜肌
阔筋膜张肌

图7.5　树式（Vrksasana），级别II

　　以上十式仅作为入门姿势，帮助大家增强力量、柔韧性、血液循环，但绝非是全部姿势。本节最后练习婴儿式，目的是对身体进行舒适的拉伸。

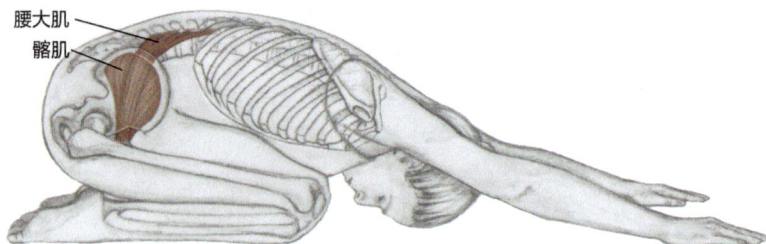

图7.6　婴儿式（Balasana），级别Ⅰ

本章练习要点：

　　1.尝试前进、跺脚和奔跑，甚至正常行走也是有益的。腰肌将协助平衡重力的转移。

　　2.感觉自己牢牢地站在地上并与之连为一体。

　　3.食用根用蔬菜，如大蒜、洋葱、胡萝卜、甜菜、土豆、水萝卜以及山葵。

　　4.保护好免疫系统。

　　5.通过按摩刺激脚部。

　　6.培养"生存"本能，使之生根繁茂。

　　7.放松腰肌，让其休息。

加分姿势

马式（Ashvasana），级别I/II/III

（ashava=马）

级别I：仰卧

级别II：站立

级别III：单腿

对于这个姿势有很多不同的介绍。理解它最好的办法就是像骑在马背上一样摆放两条腿的位置，可以选择躺下或站立。随着大腿弯曲外展，两腿用劲。弯曲双膝，膝盖位于脚趾的正上方。

级别III又称为飞马式。女性和膝关节有伤的人士不建议练习这个姿势。

大部分观点认为上述三个级别的练习都有助于促进血液循环，增强免疫系统，并加强肛门区域。

昆达里尼乌鸦式（Bakasana），级别I/II

级别I：双手着地

级别II：祈祷姿势

由于重力下拉尾骨同时也会拉伸下腰背，所以这个姿势非常合适练习。它能够刺激身体的排污系统，放松腰肌。这项练习增加了髋关节和腹股沟区域的柔韧性。如果膝关节或是脚踝有伤，那么要注意下蹲不要太深。（大家还可以使用椅式进行替代练习，从而减轻膝盖和脚踝所受的压力。）

直立，两脚分开与肩同宽，屈膝下蹲，两脚可以平行摆放或是外展，膝关节跟随着脚一起移动。最好是下压脚后跟，但前提是跟腱要足够长才行。否则，可在脚后跟的下方垫块东西。双手着地保持身体平衡（级别I）或是摆出祈祷姿势（级别II）。练习过程中可以增加火式呼吸。

本章回顾：是真是假？

瑜伽是一套练习系统。
真的——各种身体姿势是练习的内容，它们促进身心和精神健康。

瑜伽姿势有很多不同的级别。
真的——大部分人倾向于认为自己能完成所有姿势，但是根据个人的身体状况，有些姿势可能难以完成。本书中介绍的各种级别可以作为一种参考，这取决于练习者个人对自己能力的判断，只要留意就能进行判断。

各种姿势的优点

- 坐姿可以实现脊柱的开放、伸展并增加空间，同时因接地有助于培养平静、安全的感觉。
- 站姿刺激身体的各个系统，指导练习者正确的体姿，并改善血液循环，提高身体力量以及促进关节的灵活性。
- 扭转能够激活身体器官，并增加颈部、肩部以及下腰背部的灵活性，同时还能促进消化和排毒。
- 倒立有助于集中注意力，激活腺体，加强神经系统，并让整个身体充满力量。
- 身体向后弯曲可以开阔心胸，给人能量和勇气，对抗抑郁，并增强脊柱和肩膀的灵活性。
- 练习平衡的姿势在增强肌肉的力量和柔韧性的同时，还能改善肌肉的健康状况，促进身体的协调和注意力的集中。
- 仰卧和俯卧姿势的优点有很多，如力量、拉伸、灵活性以及身体放松，具体取决于特定的姿势。

8

第 8 章
腰肌与骶椎：行云流水

瑜伽姿势

　　下面的各种姿势将会刺激腰肌以及骶椎的周围组织。骶椎在人体中具有极为重要的地位。练习这些姿势时不要使用肌肉控制腰肌，因为腰肌处于紧张状态将限制动作的流畅性。

坐姿

I. 束角式（Baddha Konasana），级别I

（baddha=束缚；kona=角度）

练习技巧： 坐姿稳固，不能晃动，接着再打开双腿，屈膝向两侧伸展。将双脚的脚底抵在一起，向耻骨方向内收脚跟。控制好脚踝。前展可以增加对腰肌的刺激。

身体限制： 髋部肌肉紧张将会造成双膝翘起，或是脊柱发生弯曲。直立坐于毯子或支撑物之上，这样可以让大腿放松，或是将支撑物垫于双膝之下（如果一侧膝盖位置高于另一侧，较高一侧的髋部肌肉更紧张）。有腰椎盘问题的患者不建议髋部前屈。

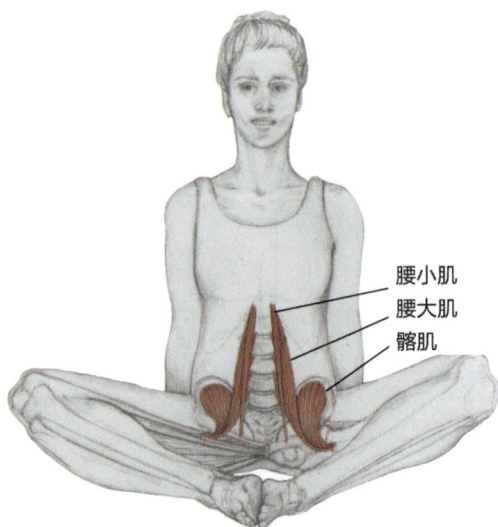

腰小肌
腰大肌
髂肌

图8.1　束角式（Baddha Konasana），级别I

II. 英雄式（Virasana）；卧英雄式（Supta Virasana），级别II

（vira=英雄，领袖）

练习技巧： 从跪姿开始，坐骨着地，双脚位于髋部的正外侧。身体后仰，让肘部和前臂着地。（大家也可以躺在抱枕或毯子上。）如果没有出现肌肉拉伸的感觉，让躯干躺下。这个姿势拉伸下腰肌。

身体限制： 如果直立坐起感到不舒服，可以在坐骨下方或是大腿和小腿之间放置一个支撑物或一块毯子，因为抬高髋部的位置有助于双膝更轻松地完成弯曲动作。由于双膝之间形成的角度非常大，身体躯干后仰对于双膝造成的困难尤其大。膝关节有问题的人不建议进行这项练习。

III. 坐姿脊柱扭转式（Bharadvajasana），级别I

（Bharadvaja=古代圣人的名字）

由于坐骨着地保持不动进行扭转，所以对于打开和刺激骶椎部位有着特殊的影响。左右侧腰肌受到不同方式的刺激，几乎进行反向拉伸。

练习技巧： 坐姿，向一侧弯曲双腿，双膝指向体前。向双腿的对侧伸展并扭转脊柱。双手分别置于前腿膝关节和髋部后方的地面上用于支撑身体。

身体限制： 如果坐在地上不舒服，可以在髋部下方放置一条毯子，降低该姿势的难度。

IV. 坐角式（Upavista Konasana），级别II/III

（upavista=坐；kona=角度）

级别II的练习技巧： 从棍式开始，接着分开两腿，呈跨坐式，双膝伸直，髋骨朝上。保持脊柱伸直将有助于解决妇科问题。在怀孕或月经期间，可以靠墙进行此项练习。

级别III的练习技巧： 向前伸展脊柱，双手抓脚趾。深层的梨状肌（坐骨神经痛的元凶）将在练习中得到锻炼，同时髋关节外展肌群被强烈的拉伸。脊柱伸展过程中腰肌受到拉伸，但是由于没有重力阻力，屈髋过程中腰肌得到放松。在怀孕的过程中不要进行这种形式的练习。

身体限制： 腘绳肌群、脊柱伸肌群（腰肌是其中一员）或是髋关节外展肌群（大腿内侧的肌群），其中任何一个肌群肌肉紧张，都会增加完成这个姿势的难度。坐在毯子上挺直身体，或是稍微屈膝。拉伸脊柱，不要弯曲脊柱。

站姿

V. 身体前屈

站姿前屈（Uttanasana），级别I

坐姿前屈（Paschimottanasana），级别II

（Uttan=伸展，强烈地拉伸；pascha=后方，之后，西方）

站姿前屈的练习技巧：从山式开始，向前弯曲脊柱，伸手触地，双膝微屈，头部伸展与脊柱成一条线。进入和离开这个姿势都要慢。（始终尝试以进入这个姿势的反向动作离开这个姿势，"反向运动"时要慢。）可以用肚子和胸部抵着大腿来强化这个姿势，通过呼吸来刺激各个器官，并尝试放松腰肌。

身体限制：如有腰间盘损伤，建议最好保持腰椎平直，不可弯曲以免压迫这个部位。这一条建议适用各种前屈练习。这样，身体的曲度将不会像图中显示的那样大。

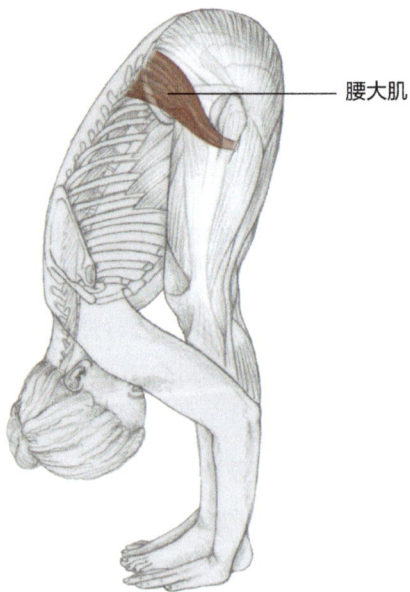

———— 腰大肌

图8.2　站姿前屈（Uttanasana），级别I

坐姿前屈的练习技巧：以棍式保持坐姿，将双手伸向脚趾，要伸展而不是弯曲脊柱。从髋部开始屈曲。

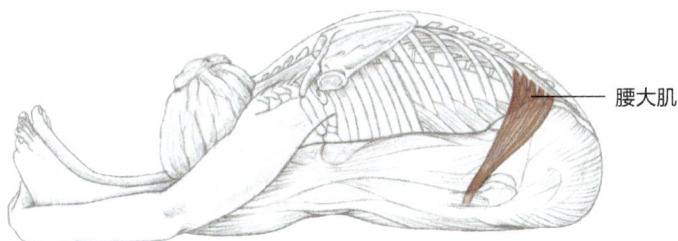

腰大肌

图8.3 坐姿前屈（Paschimottanasana），级别II

身体限制：脊柱伸肌（控制脊柱的后方肌肉）或是腘绳肌紧张将会影响这些姿势。屈膝将会放松腘绳肌在膝部的连接体，而放松屈髋将会释放下腰肌。大家在练习坐姿前屈的过程中，也可以坐在较高的支撑物上。完成这项练习较为简单的方法是每次使用一条腿，如同头碰膝式（Janu Sirsasana）。在进行完整的屈曲脊柱练习中，可能会加重下腰背的问题，所以不要运动过量或过度拉伸。注意身体的反应。练习这个姿势的最佳方法是保持脊柱的伸展，在练习过程中可以增加腰部的拱起，如图8.3所示。

VI. 双角式（Prasarita Padottanasana），级别I/II

（Prasarita=张开；pada=脚，腿；uttan=伸展）

级别I的练习技巧：双脚指向体前，双手放于髋部，从骑姿开始，两脚距离较宽。前屈脊柱，保持后背平直。将双手置于地上。让骶椎部位向外扩展。这是一个很好的倒立初级姿势。倒立姿势有助于血液流向脑部。尝试释放腰肌，重力将会有助于完成这个动作。

级别II的练习技巧：压低后背并让双肘或头顶着地，这样可以增加拉伸的强度。

身体限制：腘绳肌群或是骶椎/腰部肌肉紧张将限制这个体式的拉伸——屈膝有助于放松下腰背并释放腘绳肌群。

VII. 三角式（Trikonasana），级别I/II

（trikona=三个角）

这是一个经典且流行的瑜伽姿势——髋关节打开，让腰大肌拉伸，发力并"呼吸"。

练习技巧：从山式开始，接着分开双腿呈骑姿。脚的姿势与战士II相同，前腿伸直在前，后腿旋转近60度。双臂向外伸展，同时双腿伸直，不要锁住膝关节。身体躯干朝前手方向前倾，同时髋向后推。倾斜躯干，将前手置于前腿内侧；举起后臂指向天花板。身体保持在同一平面内。

身体限制：练习这个姿势，很多肌肉都发挥作用，因此任何一块肌肉紧张都可能影响姿势。膝关节过度伸展是常见的情况，所以"微屈"前膝有助于改善这种状况。（微屈是瑜伽中的一个术语，意指极其轻微的弯曲或是放松膝关节后方。）如果肩部紧张，将上方的手置于骶椎上。这个姿势的重点在于打开髋关节，伸长脊柱，并同时进行深呼吸。坚持这项练习，大家可以取得惊人的效果。

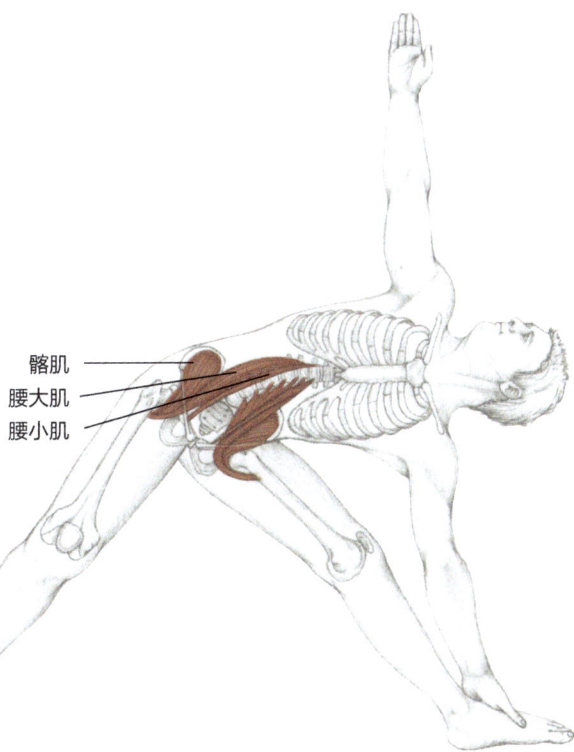

髂肌
腰大肌
腰小肌

图8.4 三角式（Trikonasana），级别I/II

VIII. 半月式（Ardha Chandrasana），级别II

（ardha=半；Chandra=月亮）

这项练习对于打开髋关节和练习单腿支撑很有帮助。这个姿势要求腰肌在保持身体平衡方面发挥重要作用，同时还要完成其他任务。该练习可以按摩骶椎神经丛。

练习技巧：大家可以选择从战士I或II式开始练习这个姿势。伸直双臂触地，前腿伸直的同时向后方抬起后腿。髋关节打开，上方的手臂可以置于髋部，或伸直举起。

身体限制：单腿平衡练习都比较难，但效果很好。假以时日，下方支撑腿的力量和上方腿部的柔韧性将会得到提高。使用墙体支撑身体背部有利于感受该姿势的功效。如果支撑腿伸直状态下伸手触地难以完成，可以将下方的手置于支撑物上。

后屈姿势

IX. 桥式（Setu Bandhasana），级别I

（setu=坝或桥；bandha=锁）

这个姿势的后弯幅度较小，打开髋关节的前面、腹肌、胸部和心脏部位。腰肌在髋关节部位受到拉伸（参看第42页和第67页的插图）。

练习技巧： 仰卧屈膝，双腿平放于地上，与髋同宽。双臂于身体的两侧并排放置，同时抬起髋部离地。当髋部抬高到一定程度时，双手置于髋关节两侧，或是伸直相互紧扣于身体之下。肩胛骨不得离开地面，这将减少脊柱的过度伸展，同时也限制头部和颈部所承受的重量。恢复原始姿势的过程中，一边深呼气，一边沿着脊柱向下缓慢滚动。

身体限制： 髋部屈肌（髋关节前侧的肌肉）如果出现紧张状态，将会限制拉伸动作。股四头肌控制着膝关节。位于前方大腿上的股四头肌处于紧张状态，也会限制拉伸动作。柔和缓慢进入体势，这将可以放松前侧肌肉。

X. 鸽式（Eka Pada Kapotasana），级别II

（eka=一；pada=脚，腿；kapota=鸽子）

又是一个打开髋关节的不错练习。这个姿势将会把后腿上的腰肌拉伸至极限，同时有助于脊柱处于直立的姿势并保持稳定。通过呼吸，进入下腰背部和腹部，思想集中于这个区域。在练习这个姿势的过程中向前屈俯卧时，前腿的梨状肌（上文已经提到处于收紧状态时是造成坐骨神经痛的罪魁祸首）将得到较好的拉伸。

练习技巧： 练习这个姿势有几种不同的方法。尝试从桌式（四肢着地）开始。滑动一条腿的膝关节至两手之间，将该脚置于另一侧髋关节的外侧。伸展后腿，保持双手牢牢撑地。挺胸伸直脊柱，双肩后移下收。图8.5显示的是一种前移的变体形式。

身体限制： 髋关节处于收紧状态，将限制完成这个姿势。尝试将一块毯子或是支撑物垫于髋关节之下。当脊柱处于直立状态时，必须利用身体的核心肌肉。

完成上述姿势，可以紧接着练习快乐婴儿式，这将非常有助于身体放松，打开骶椎和下腰背部。

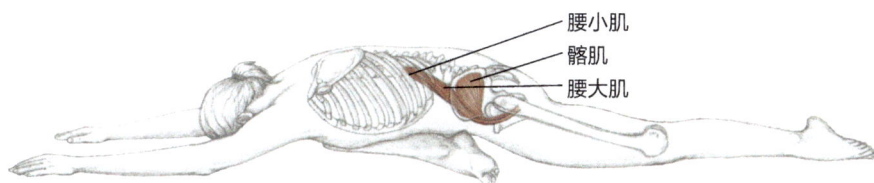

腰小肌
髂肌
腰大肌

图8.5　鸽式（Eka Pada Kapotasana），级别II

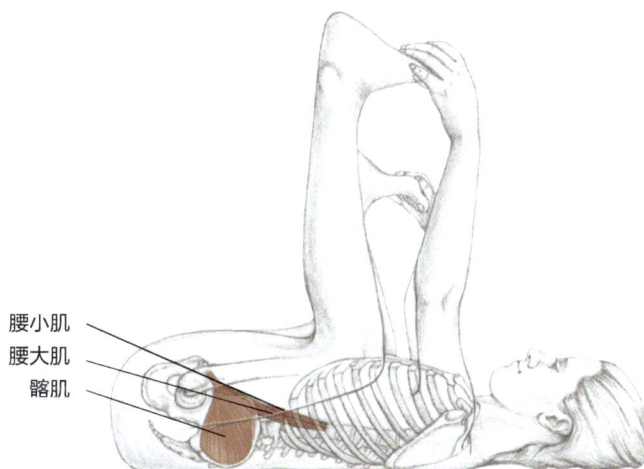

腰小肌
腰大肌
髂肌

图8.6　快乐婴儿式（Ananda Balasana），级别I

尊重身体中的各种关系并建立积极的感官联系。这样做最有利于骶椎区域的健康。肠道的上部、胃部、肝脏、胆囊、肾脏、脾脏、胰腺以及肾上腺，还有腰肌以及之前介绍的其他组织都位于这个部位。刺激这个神圣的部位就是学习如何（如水般）流动，不要抵抗，开放自我接受快乐。这个部位本身就如子宫，处于健康状态下允许移动和变化。

本章练习要点：

1. 静下心来。
2. 接收，接受并适应。
3. 食用甜果（如瓜果）、坚果和蜂蜜，以及香料（如桂皮、香草、角豆），都是有益的滋补。
4. 坦然面对身体。
5. 学会放开。

加分姿势

猫式（Bidalasana）/牛式（Bitilasana），级别I

有时称为猫/犬式，这套动作要求骶椎核心部位进行运动，同时脊柱连贯移动，并用呼吸协调运动。从四肢着地（桌式）脊柱处于中立位开始。呼气的同时，核心部位顶着脊柱上提，下收尾骨和头，弓背。吸气时，上抬尾骨和胸部，反向弯曲脊柱。从尾骨开始，让身体的移动如行云流水般流畅无阻。

图8.7　猫式（Bidalasana）/牛式（Bitilasana），级别I

新月式（Anjaneyasana），级别I

通过练习这个姿势，可以很好地拉长后腿的腰肌，同时还能打开腹股沟：从弓步开始，下放后腿膝关节，双手放于前大腿上，或是高高举起增加拉伸的强度。核心部位和腰椎发挥稳定身体的作用（本书第43页展示的是该姿势的一种变化形式）。要增加难度，可加入侧屈，以及脊柱的旋转或后弯。

第 9 章
腰肌与肚脐：当功能遇见呼吸

瑜伽姿势

肚脐周围到处是肌肉（腰肌、横膈膜）和器官（肺、胃部上部和肠道），并充满灵性。本书第一部分已经介绍了，腰肌和横膈膜在这个交会点相交。此处，我们可以说是"当功能遇见呼吸"。

后弯姿势

I. 眼镜蛇式（Bhujangasana），级别I

（bhujanga=蛇；bhuja=手臂；anga=肢体）

练习技巧：俯卧，面朝下，双手位于双肩之下，肘部内收。伸直双腿，脚背抵地。后拉双肩，利用上背部肌肉抬头挺胸，注意不是使用双手。髋关节不要离开地面。使用核心肌肉并深呼吸，以此按摩腰肌。

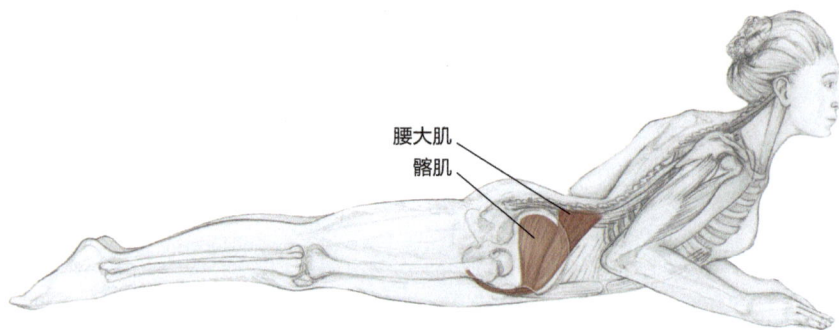

图9.1 眼镜蛇式（Bhujangasana），级别I

身体限制：向后抬头过猛会压迫颈椎，所以不建议这样做。挺胸过高可能造成下腰背疼痛，要利用核心肌肉辅助挺胸。

II. 骆驼式（Ustrasana），级别I/II

（ustra=骆驼）

这个姿势能够强有力地打开髋关节的前部，并拉伸此处的腰肌。

练习技巧：跪姿，两腿微分，挺直脊柱，双手置于髋关节处。后弯胸椎，同时避免髋关节前推。伸展颈部，但不要扭伤颈部。上提胸腔和胸骨。髋关节应位于膝盖正上方。如果身体实现平衡，同时核心肌肉也得到利用，这时伸双手触摸脚跟。大家也可屈曲脚趾，脚趾下方放置垫子进行支撑。

身体限制：该姿势与前面介绍的眼镜蛇式有着相同的身体限制。如果膝关节有问题，可在下面放置柔软的支撑物。如果无法完成这个姿势，可以练习眼镜蛇式作为代替。腰椎不要过度弯曲，收紧臀部，并向上拉核心部位，这将会对完成这个姿势有所帮助。大家也可以在身体后方放置一把椅子，用于支撑双手。

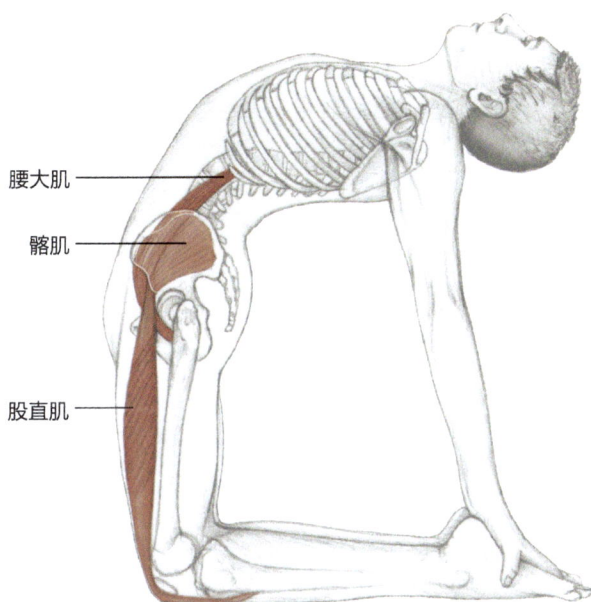

腰大肌

髂肌

股直肌

图9.2　骆驼式（Ustrasana），级别I/II

III. 上犬式（Urdhva Mukha Svanasana），级别II

（urdhva=抬起；mukha=面；svana=狗，犬）

这个姿势可以选用简单的练习方法，但是如果提膝关节离地，难度就会增加。同时核心部位会更大程度地参与，髋关节的前部和腰肌下部都得到拉伸。

练习技巧： 俯卧。起式如同眼镜蛇式，双腿分开，距离稍微再大一些。抬头，挺胸，提髋离地，注意利用核心部位。如果核心部位强壮有力，再抬起膝关节。支撑点是脚背（上侧）和双手，伸直肘部。外旋打开双肩，下放内收肩胛骨，伸展颈部。

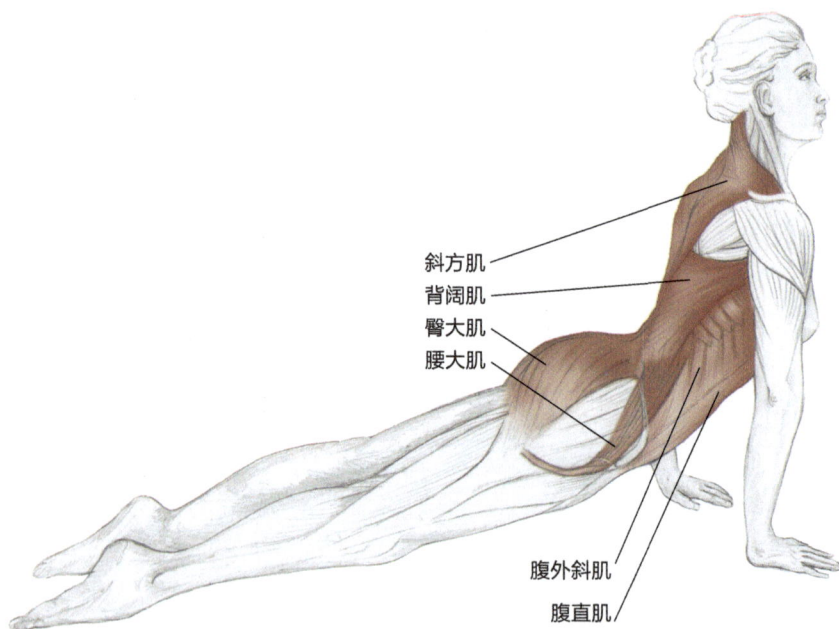

斜方肌
背阔肌
臀大肌
腰大肌

腹外斜肌
腹直肌

图9.3　上犬式（Urdhva Mukha Svanasana），级别II

身体限制： 这个姿势难点在于双臂、颈椎和腰椎受到压力。目视前方，注意利用腰肌，并保持双膝着地，抵消这种压力。大家还可以使用双肘进行支撑，如同狮身人面式。

IV. 鱼式（Matsyasana），级别II

（matsya=鱼）

这个姿势可以打开腹腔神经丛以及心脏，大多数的后弯姿势都有此功能。重点在于对脊柱中段进行大幅拉伸，伸展横膈膜和腹肌。

级别I/II的练习技巧： 仰卧，将双手置于骶椎和尾骨之下。提起胸骨，使用左右前臂支持身体，让头缓慢向后落下，头部撑地，或是落于支撑物上方。内收肩胛骨，打开前面的胸腔。可以屈膝（级别I），也可以伸直双腿（级别II），让骨盆区域出现空间。放松，同时平静地呼吸。

级别III的练习技巧： 举起双臂，抬起双腿，二者选其一或同时进行。这个姿势对下腰背的要求很高——记住要注意身体的反应，以免身体受伤。

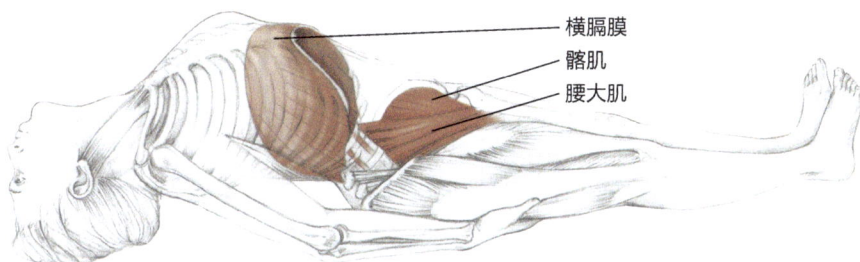

图9.4　鱼式（Matsyasana），级别II

身体限制： 打开心脏部位、胸腔以及咽喉部位，对于很多人来说都比较困难。但确是必要的，因为在这个电脑无处不在的年代，胸腔封闭已成常态。在胸椎和头部下方放置支撑物或毯子，有助于身体放松，让相关区域能在无压力的状态下受到拉伸。

V. 弓式（Dhanurasana），级别II/III

（dhanu=弓）

练习技巧： 俯卧，腹部着地，身体伸展。屈膝，可能的情况下，双手分别抓住左右脚踝。抬头挺胸，同时提大腿。脊柱进行大幅伸展，同时拉伸前侧肩膀。下腰肌和腹直肌将得到充分的拉伸。

身体限制： 肩关节的前侧在受到充分拉伸时非常容易受伤。左右肩胛骨内收有助于减小肩关节承受的压力。练习这个姿势时，脊柱也承受重压，所以必须注意不要过度拉伸。左右膝关节分开将会减轻压力。

倒立姿势

VI. 下犬式（Adho Mukha Svanasana），级别I/II

（adho=向下；mukha=面；svana=狗，犬）

这是瑜伽中最流行，效果最好，放松程度最高的姿势之一。（注意观察狗从休息姿势站起来时是如何自然地完成这个动作的。）身体背部拉伸时，注意保持脊柱直立。这个姿势不论从名称或练习感受的角度来说，都不像是休息，但是归根结底它的确是休息姿势。腰肌处得到释放，但是同时也发挥着稳定身体的作用。横膈膜处于打开状态并受到拉伸。倒立有助于血液流向大脑。腘绳肌和肩部肌肉将受到拉伸。肚脐中心部位如果得到利用，可以支撑下腰背。

练习技巧：起于桌式，双手和双膝支撑身体。脚趾回勾，小腹内收，上提膝关节，并将身体的重心后移，让双腿承担更多身体的重量，同时伸直双臂和双膝，低头。向外转动双肩，沿着脊柱的方向下滑肩胛骨，并让头部自由下垂。脚跟向地面方向下压，但是脚跟不必着地。

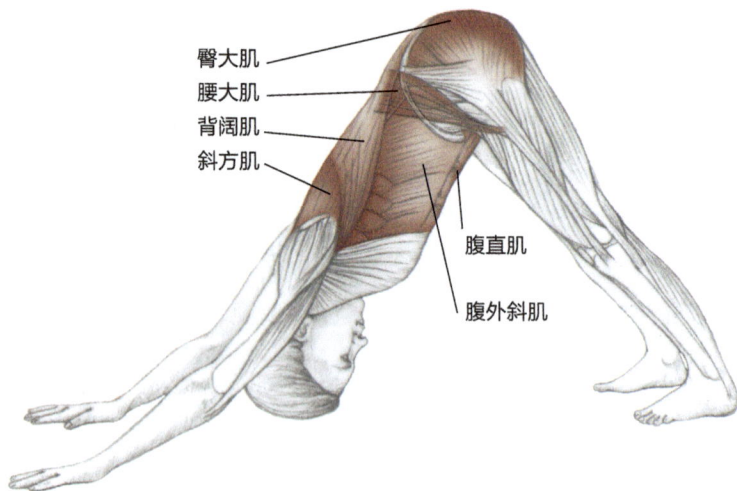

图9.5 下犬式（Adho Mukha Svanasana），级别I/II

身体限制： 腘绳肌过紧或肩部力量较弱，将会影响姿势的流畅性。向外旋转肩关节，并让它们始终远离双耳，将有助于减轻对肩关节的影响。屈膝将会放松腘绳肌。让沉重的头部在重力的作用下自由下垂，或是用毯子或支撑物支撑头部。这样做，可以缓解颈部的紧张状态。如果肩关节过紧，可以使用双肘进行支撑，练习海豚式。

VII. 拜日式（Surya Namaskar），级别I

（surya=太阳；namaskar=敬礼）

这个姿势包括拉伸、加强和放松腰肌。

1. 以山式作为起式。

2. 吸气进入新月式拉伸：举起双臂过头，伸向天空。

3. 呼气并放松进入前屈式。

4. 吸气，双手置于两腿胫骨上，上提脊柱，使背部呈平直的姿势。

5. 呼气进入前屈式。

6. 吸气，一腿后伸成弓步姿势。

7. 呼气，后伸另一条腿，呈平板式（俯卧撑式），接着放下身体着地。

8. 吸气进入眼镜蛇式。

9. 呼气进入婴儿式。休息一下，进行三次完整的呼吸。

10. 吸气进入桌式。

11. 呼气进入下犬式。休息一下，进行三次完整的长呼吸：海洋式呼吸。

12. 吸气，缓慢或快速移动双脚至两手之间。

13. 呼气进入前屈式，吸气并完成第4步，然后再呼气进入前屈式。

14. 吸气，滚动直立脊柱，举起双臂指向天空。

15. 呼气进入山式（双手合十，呈祈祷式，处于身体中心位置，结束练习）。

> 记住，学习各种姿势的最佳方法是到正规的瑜伽学校报名参加有资质的教练开设的瑜伽课。

加强核心部位的力量给人以活力和自信。但是，注意不要在这个部位练习过度，否则不是提高自身的力量，而是让他人感觉你咄咄逼人。关键是平衡，不要过度练习。

食用谷物，乳制品或大豆，以及薄荷类的香草，将会滋养这个部位。消化问题、饮食问题和新陈代谢紊乱，甚至关节炎等都与其相关联。拥有一个健康而均衡的腹腔伸肌丛有助于坚定意志，并能勇挑重任。

本章练习要点：

1. 深呼吸。
2. 进行腹式大笑，动作完整舒畅。
3. 做一些无私的服务工作；担任志愿者。
4. 注意自身的营养。
5. 勇于承担风险。
6. 增强核心部位的力量。

加分姿势

躺尸式（Savasana），级别I

（sava=尸体）

这个姿势做起来最简单，但要掌握却极其困难，难点在于放松。仰卧，双腿微分，双臂外展，掌心向上，同时闭上双眼。在进行上述动作时必须要彻底释放身心压力。顺其自然一词在当今社会中有着负面的含义，如"放弃"。在瑜伽中，如果大家能够做到顺其自然接受宇宙的节奏，这是一种非常受人尊重的状态。它是一种纯粹的瑜伽状态。

一位朋友兼同事伊拉姆·纳克维（Irum Naqvi）*这样写道:

顺其自然是一个最美丽的词。它让我们既有力量又有同情之心。因而，它既强大又关爱我们，而且还能为我们疗伤。

当我们通过内心理解顺其自然一词的精髓和含义时，我们就开始进行转变。随着我们内心世界的转变，外部世界也会发生改变。"外随内动"。

如何做到顺其自然包括很多方面。这个词本身有两层意思。首先我们开始释放身心和精神。大家可以通过集中精神和感受呼吸来促进这种释放。随着精神的集中，呼吸成了活动的主要内容，利用呼吸作为引导，检查身体感觉、精神思想和情感体验。

随着这种释放，接受正在发生的事情很重要。当我们释放、接受和拥抱生命中的每一刻，我们就做到了顺其自然。这让我们在接受的那一刻，完全活在当下。通过不断的练习顺其自然，我们培养治愈的能力。当我们治愈了，空虚的空间将充满快乐。

听任、治愈并保持快乐。

---

*伊拉姆·纳克维坚持练习瑜伽长达20余年，她是瑜伽联盟的认证教练，同时也是一名充满灵气的从业者。伊拉姆曾在奥地利、英国、加拿大和哥斯达黎加等国进行瑜伽教学。目前，她住在哥斯达黎加美丽的Rancho Margot，进行瑜伽教学，以及瑜伽教练培训。Rancho Margot是一个生态旅游牧场项目。作者和伊拉姆计划未来在这里开办一个瑜伽度假村。

随着锻炼和瑜伽领域正在不断地演化和融合。社会上充斥着很多不太准确的信息（这里引用了一位昆达里尼大师的话）。希望本书讲解方式能够做到至诚而简单，没有灌输某一特定流派的思想。

附录　屈髋的社会

自测下列问题：

1. 你使用电脑吗？
2. 你开车或坐车吗？
3. 你看电视吗？
4. 你阅读吗？
5. 你是坐在桌旁吃饭的吗？

6. 你打牌吗，打游戏吗？
7. 你去电影院看电影吗？
8. 你是学生吗？
9. 你写东西吗？
10. 你经常坐飞机吗？

如果对于上述这些问题你的答案是肯定的，那么你就是"屈髋的社会"的一员。在这样的文明社会中，人们大量的时间都坐在椅子上，人类的运动量比人类历史上其他任何时期都少。接下来，要确定的是你每天坐着的时间有多少。结果可能会吓你一跳。

坐姿是髋关节弯曲的放松姿势：说它放松是因为髋部屈肌在这种状态下没有对抗阻力（收缩）——髋部屈肌只是处于弯曲状态，上身全部重量都由盆底肌承担，而下肢不进行运动。如果长时间保持这种姿势，将会限制血液循环、肌肉健康甚至神经反应。它可能直接导致下腰背、腰肌和坐骨方面的问题。髋部屈肌开始缩短并变弱，长此以往会导致一系列的问题。

案例研究

最近我做了一项为期一个月的研究。有12名成年志愿者参与该研究，3男9女，其中包括我本人。研究对象是髋部屈肌，旨在让志愿者感受，腰肌是位置最深的髋部屈肌群即髂腰肌群的一部分。参与者需要完成10分钟的针对髋部屈肌的拉伸和力量常规练习，每周3~4次，为期4周。

研究前后分别进行测量，以便对髋部屈肌部位的力量、耐力和柔韧性进行对比。结果表明常规运动产生了积极的影响（虽然对于常规运动的效果不能下一个明确的结论）。然而，让大家最感吃惊的还是他们每天坐着的时间。我让每一位参与者记录他们锻炼期间每天坐着的时间，以及其他锻炼的时间。数字是惊人的，完成这项研究的那些参与者记录下他们每天坐着的时间长短不一，最少5小时，最多11小时。他们是生活在美国东北部的上班族，那里的人几乎必须乘坐交通工具上下班并使用电脑工作。

　　通过髋部屈肌的案例研究，我们开始思考学校里那些年轻学生的情况。一般来说，他们是一群精力充沛的人，有条件进行体育活动（主要是体育运动），那么他们坐着的时间又有多少呢？结果再一次让人震惊。上学的儿童，坐着的时间5~8小时不等。通常他们乘坐汽车或公交车回家，接着坐在电脑前，或是收看电视。所有这些都是坐着的。在学校，有时他们站起来前往下一个上课教室，从而得到缓解。但是这个时间通常不超过3分钟，然后他们又要坐下。除此之外，正常的休息时间或体育课正面临被踢出学校教学计划的风险。

　　为了帮助儿童和成人应对过度屈髋这一日益严重的问题，下面给大家介绍一些常识性的方法。

　　1. 坐着的时候，每个小时起身一次，向各个方向进行身体拉伸。

　　2. 将电脑放置在你能站立工作的地方，确保显示器与你的眼睛同高。

　　3. 玩玩需要身体移动的游戏。

　　4. 参加瑜伽课程学习*，虽然其中涉及屈髋，但是拉伸动作可以对其制衡。

　　5. 散散步。

　　6. 少坐多动。

　　还有一种补救办法，那就是在阅读或是看电视的时候进行身体伸展运动。仰卧的时候，要注意确保脊柱处于中立位。在双膝下方放置一个枕头，用枕头或毛巾支撑颈部将头向上微微撑起。俯卧的时候，拉伸髋部屈肌，这是有益的。然后，下腰背部将会受到压迫，所以这个姿势不宜保持时间过长，核心肌肉应该参与保护脊柱。而且，如果你试图抬头看什么东西的时候，你的颈部将处于过度拉伸的不利姿势，所以这个姿势不是最佳的。

　　有些非常有效的训练计划，不需要移动，但是屈髋动作很多。同样，这些训练对于解决久坐的问题也不是最佳方案。在做有氧运动、普拉提、自由搏击或使用许多健身器械锻炼的时候要小心。要确保运动中不仅包括屈髋的反向动作，而且还要在全部三个平面上移动，即：矢状面（前后移动）、额状面（左右移动）以及水平面（旋转移动）。

---

*　在新泽西州纽瓦克这个大城市中，有一个公立学校开设一个试点项目。该项目要求每个学生练习瑜伽，目的是改善学生的身体移动以及世界观。

髋关节和其他问题

在当今这个现代化的世界中，我们是否正在创造一种缺乏身体运动的文化？在这种文化中，思想比身体更重要。虽然现在有很多健身机构、健康中心、健身书籍，还有瘦身的压力（没错，时装和广告业逼迫大家减肥）。尽管如此，大部分人的日常生活中运动量仍然不足，无法避免久坐必然导致的问题。

机械方面的问题包括但不仅限于：

- 髋部屈肌乏力；
- 腘绳肌松弛；
- 脊柱姿势不自然；
- 腹肌力量小；
- 屁股因长期坐着而宽大；
- 肥胖。

可能出现的新陈代谢问题有：

- 出现血栓（静脉中的血液无法流回心脏）；
- 免疫系统受到抑制；
- 休息状态的血压升高；
- 胆固醇升高；
- 心血管疾病的增加；
- II型糖尿病。

针对活动量与死亡率之间的关系，美国癌症学会对53 000多名健康的男性以及近70000名女性进行了为期13年（1993—2006年）的研究。通过这项研究，该协会得出以下结论：

1. 每天坐着的时间超过6小时的女性与每天坐着的时间低于3小时的女性相比，死亡的风险增加37%。

2. 每天坐着的时间超过6小时的男性与每天坐着的时间低于3小时的男性相比，死亡的风险增加18%。

虽然，可以非常肯定，其他各种因素也能影响这个结果，但是我们可以得出这样的结论，坐的时间越长，寿命可能越短。上述研究表明这个结果排除了身体活动的影响。

　　不幸的是，作者本人当时是坐在电脑前写作这段内容的。建议大家少坐多动，只要这样，大家就可能有更多的机会过上更加美好而长寿的生活。

作者简介

乔·安·史道格-琼斯

乔·安·史道格-琼斯是一名运动学教授，拥有舞蹈和教育硕士学位，也是瑜伽和普拉提的认证教练，现已从教30余年，拥有丰富的理论研究和教学经验。她毕业于堪萨斯大学和纽约大学，其后从事表演、编舞、教师以及动作科研工作，并著有 *The Anatomy of Exercise and Movement for the Study of Dance, Pilates, Sports, and Yoga* 一书，目前在美国教授交互式运动工作室的课程，以及主办国际瑜伽会议。

译者简介

沈兆喆

　　跑步爱好者，北京体育大学体育教育训练学田径方向硕士；国家体育总局训练局体能训练师，助理研究员；备战伦敦奥运会、里约奥运会身体功能训练团队成员；美国体能协会认证体能训练师（CSCS），美国体能协会认证私人教练（NSCA-CPT）；长期为花样游泳、游泳、乒乓球、赛艇和摔跤等国家队提供体能训练指导服务；《身体功能训练动作手册》的主编；主要研究方向：体能训练、跑步运动。

邱先梅

　　又名邱源，拥有北京体育大学运动医学专业学士学位，后获得加拿大皇后大学医学院康复医学专业硕士学位；邱源瑜伽理疗学院创始人；身心康复治疗师；健康养生康复专家；美国注册瑜伽理疗师；多伦多康复中心脊柱损伤康复小组成员；北京多家五星医院专家讲师。